Caminando entre el pueblo

Caminando entre el pueblo

Ministerio latino en los Estados Unidos

Juan Francisco Martínez

PUERTAS ABIERTAS

CAMINANDO ENTRE EL PUEBLO
Ministerio latino en los Estados Unidos

Copyright © 2016 Juan Francisco Martínez. Todos los derechos reservados. Aparte de citas breves en publicaciones serias o reseñas, no se permite reproducir ninguna parte de este libro de ninguna manera sin el permiso previo, por escrito, de la casa publicadora. Escriba a: Permissions, Wipf and Stock Publishers, 199 W. 8th Ave., Suite 3, Eugene, OR 97401.

Puertas Abiertas
An Imprint of Wipf and Stock Publishers
199 W. 8th Ave., Suite 3
Eugene, OR 97401

www.wipfandstock.com

PAPERBACK ISBN: 978-1-4982-9937-4
HARDCOVER ISBN: 978-1-4982-9939-8
EBOOK ISBN: 978-1-4982-9938-1

Manufactured in the U.S.A.

Índice

Índice de cuadros | vi
Personas entrevistadas para el libro | vii
Introducción | xi

1. Las complejidades de nuestra realidad latina | 1
2. Protestantes y latinos en los Estados Unidos | 19
3. Recursos que trae la comunidad e iglesia latina | 39
4. Lo que están haciendo las iglesias latinas | 51
5. Ministrando hoy y mañana | 79
6. Sueños y visiones | 107

Recursos para el ministerio latino | 116
Citas | 123

Índice de cuadros

1. Niveles de identificación con la cultura latina | 5
2. Modelos de ministerio en la comunidad latina desde la comunidad mayoritaria | 28
3. Tipo de ministerios entre latinos hoy | 52
4. Tipos de identificación de jóvenes latinos | 81
5. Pastor latino perfecto | 89

Personas entrevistadas para el libro

Pablo Anabalón—Pastor, Iglesia del Pacto Evangélico, Eagle Rock, CA

Maribel Campos—Pastora, Iglesia de Dios de la Profecía, Lompoc, CA

David Castro—Director Ejecutivo Internacional del *Victory Education and Training Institute* y pastor de Victory Outreach Church, Riverside, CA

Clementina Chacón—Pastora asociada, Iglesia de la Comunidad, Iglesia Presbiteriana USA (PCUSA), Highland Park, CA

Roberto Colón—Pastor, Iglesia de la Comunidad, Iglesia Presbiteriana USA (PCUSA), Highland Park, CA

Walter Contreras—Antiguo Director de Fundación de Iglesias, Actual Director de Movilización y Conexión para el Departamento de Misión Mundial, Iglesia del Pacto Evangélico.

Eduardo Font—Presidente fundador de la Escuela de Evangelistas Alberto Mottesi y Pastor de la Iglesia Esperanza Viva, Orange, CA

José García—Obispo, Supervisor estatal de las iglesias latinas de California, Iglesia de Dios de la Profecía

Adelita Garza—Pastora, Ministerios Puente, Asambleas de Dios, Ventura, CA,

Oscar & Karla García—Ministerio regional, fundadores de iglesias latinas, Iglesias Bautistas Americanas (ABC)

María Hamilton—Pastora, Misión Hispana Bíblica y Directora Ejecutiva del *Simi Valley Community Care Center*, Iglesia Metodista Unida, Simi Valley, CA

Luís Hernández—Fundador de iglesias y pastor de la Iglesia Misionera Nueva Visión, Moreno Valley, CA y La Cosecha—Nuevo Comienzo, La Puente, CA. Asambleas de Dios

Sofía Herrera—Directora de Psicología Comunitaria, *Institute for Urban Initiatives*, Seminario Teológico Fuller y candidata al sacerdocio, Iglesia Episcopal, Diócesis de Los Angeles, CA

Saúl y Rosamaría Maldonado—Pastores, Ministerios Betel, Iglesias Bautistas Americanas (ABC), Pasadena, CA

Danny Martínez—Pastor, Church of the Redeemer, Iglesia del Pacto Evangélico, Los Angeles, CA

René Molina—Pastor general, Iglesias de Restauración, ELIM, Los Angeles, CA

Alberto Mottesi—Evangelista y conferencista internacional

Sergio Navarrete—Superintendente del Distrito Sur Pacífico Latinoamericano, Asambleas de Dios, La Puente, CA

James Ortiz—Pastor, My Friend´s Place, Asambleas de Dios, Whittier, CA.

Juan Carlos Ortiz—Pastor emérito, Departamento Hispano, Catedral de Cristal, Garden Grove, CA

Alexia Salvatierra—Pastora, Iglesia Evangélica Luterana en América (ELCA) y Directora Ejecutiva, CLUE (Clergy and Laity United for Economic Justice)

Personas entrevistadas para el libro

Jorge Sánchez—Pastor, Comunidad de las Américas, Pasadena, CA

Fernando Santillana—Antiguo director de Ministerios Latinos—California Pacific Annual Conference, Iglesia Metodista Unida; actualmente pastor de la Iglesia Metodista Unida, Norwalk, CA

Jaime Tolle—Pastor de Iglesia en el Camino/Church on the Way; Supervisor de Iglesias Cuadrangulares, Van Nuys, CA

Introducción

Durante los primeros años del siglo veintiuno los latinos llegamos a ser el grupo minoritario más grande en los Estados Unidos. Somos más jóvenes que la población en general, tenemos un nivel de nacimientos más alto y somos el grupo más grande de inmigrantes nuevos, tanto documentados como indocumentados, a este país. Todo parece indicar que pronto habrá más latinos que "anglos" en California y que nuestra presencia en otros estados seguirá creciendo. Sin embargo, somos un pueblo muy diverso y nos estamos diversificando más al seguir creciendo.

Varios estudios sobre la comunidad latina también han demostrado que estamos teniendo un impacto sobre la vida religiosa en los Estados Unidos. Los latinos somos más de un tercio de los católicos en los Estados Unidos y más de la mitad de los feligreses en muchas parroquias. También está creciendo el número de latinos que se identifican como protestantes, particularmente pentecostales. Cada día hay más iglesias protestantes latinas en el país, como también más latinos en iglesias tradicionalmente de la cultura mayoritaria.

Nuestro crecimiento y nuestro impacto religioso representan una serie de retos muy particulares para los pastores y líderes que ministran en la comunidad latina. *Caminando entre el pueblo* se escribió para ellos. Este libro identifica y analiza los retos contemporáneos que enfrentan las iglesias evangélicas latinas en los

Introducción

Estados Unidos y algunos que probablemente enfrentarán en el futuro. Los pastores latinos, y otros que ministran en la comunidad, necesitan entender y lidiar con estos asuntos. Al seguir creciendo y diversificándose la comunidad latina, *los líderes eficaces en la comunidad latina re-orientarán sus ministerios para responder a estos cambios.*

El libro comienza describiendo algunos de los retos principales que enfrenta la comunidad latina. El primer capítulo repasa las diferencias principales que existen entre nosotros: históricas, nacionales, culturales, raciales, lingüísticas, y las que se relacionan con la asimilación y la adaptación cultural en los Estados Unidos. También analiza el efecto de la globalización, la migración y el encuentro con otros grupos minoritarios sobre la comunidad latina.

El capítulo dos le da seguimiento al primero al describir como es que las iglesias estadounidenses han tratado con dichos retos. Incluye un análisis corto de las maneras variadas que las iglesias y denominaciones protestantes han respondido a las realidades ministeriales particulares de la comunidad latina. El capítulo termina describiendo algunos de los retos de ser tanto latino como evangélico en las denominaciones principales de los Estados Unidos.

El tercer capítulo comienza por cuestionar el modelo de deficiencia que muchas veces se utiliza al definir el ministerio en la comunidad latina. Este modelo enfoca en lo que los latinos supuestamente no pueden hacer. *Caminando con el pueblo* invita al lector a un cambio de perspectiva. Asume que los latinos tenemos muchos recursos útiles para la tarea que tenemos por delante. Este capítulo describe algunos de esos recursos y diferentes maneras en que los líderes latinos, y otros, pueden utilizarlos para suplir las necesidades pastorales de la comunidad. Los latinos tenemos familias extendidas fuertes, una fe fuerte en Dios, y un *mestizaje* que nos provee de modelos culturales flexibles. Por otra parte, la mayoría de las iglesias evangélicas latinas, particularmente en los centros urbanos, son multiculturales y están comprometidas a ministrar entre los marginados de la sociedad estadounidense.

Introducción

Estos recursos son indispensables para las iglesias evangélicas latinas al enfrentar los retos presentes y futuros de la comunidad latina.

La segunda parte del libro describe como es que las iglesias latinas están respondiendo a los retos, aprovechando las fuerzas que traemos a la tarea. El capítulo cuatro describe como los protestantes latinos están trabajando en la comunidad latina al momento. Existe una multiplicidad de modelos de iglesias y ministerios que se están dirigiendo a los retos y oportunidades descritos en los primeros capítulos. Algunos de estos modelos comienzan desde las iglesias de la cultura mayoritaria, mientras que otros están basados en las iglesias latinas. Este capítulo examina los modelos existentes y enfoca en maneras que se pueden desarrollar modelos de ministerio flexibles, multiculturales, e interdependientes que respondan a los aspectos variados de la comunidad latina.

El capítulo cinco enfoca hacia el futuro de varias maneras. Trata algunos de los retos particulares de ministrar entre la juventud latina. También delinea las responsabilidades particulares de capacitar a una nueva generación de líderes latinos para la iglesia del mañana. Por otro lado, describe algunos modelos nuevos de iglesia y ministerio que están en formación o que se necesitan considerar al seguir diversificándose la comunidad latina. También invita a los líderes latinos a trabajar desde la comunidad latina para desarrollar una visión del ministerio que se extienda más allá de la comunidad. Este capítulo termina reconociendo la presencia de muchos variables indefinidos que afectarán el futuro de los latinos en los Estados Unidos. Cada uno de los variables puede afectar el crecimiento de la comunidad y su impacto en el país. Así que, al soñar y planificar para el futuro los líderes evangélicos latinos van a necesitar tanto herramientas analíticas para interpretar los cambios al ocurrir y una visión amplia para caminar hacia el futuro.

El último capítulo presenta varias analogías e imágenes para orientar a ministerios desde la realidad latina para que puedan servir eficazmente en esta creciente diversificación que es nuestra comunidad. Desde estas analogías se pretende soñar sobre lo que

Introducción

pueden ser los destellos de Dios que representamos los latinos en los Estados Unidos.

A través del libro se incluyen las perspectivas y comentarios de pastores y líderes latinos que están involucrados en varios aspectos de ministerio en la comunidad. Se buscó incluir una gran variedad de las diferencias que existen en la comunidad latina. Estos líderes tienen diferentes perspectivas sobre el ministerio, son de diferentes tradiciones teológicas, tienen perspectivas multigeneracionales, diferentes trasfondos nacionales y perspectivas diferentes sobre el lugar del latino en la sociedad estadounidense. Lo que tienen en común es un compromiso de servir dentro de la comunidad latina. Quiero tomar este momento para agradecer a todas las personas que llenaron cuestionarios o que participaron en entrevistas para hacer posible este aspecto del libro.[1]

El ministerio latino me interesa por muchas razones. Soy un evangélico latino de quinta generación e hijo de pastores latinos. He sido pastor y fundador de una iglesia y trabajé en Guatemala por nueve años capacitando a líderes centroamericanos para el ministerio. Ahora dirijo un programa del Seminario Teológico Fuller que capacita a líderes latinos para el ministerio aquí en los Estados Unidos. Este libro nace de mi experiencia como pastor, supervisor de pastores y persona que capacita a otros para el ministerio.

Pero la motivación inicial para el libro surgió de una clase que imparto en el Seminario Fuller, *Iglesias evangélicas latinas— Retos para el futuro*. La gran mayoría de los estudiantes que han pasado por esta clase han sido pastores que están ministrando en medio de las complejidades descritas en este libro. Estos estudiantes me han ayudado a ampliar mi entendimiento del ministerio en la comunidad latina y algunos han sido lectores de una versión preliminar de este libro. Por esa razón también quiero agradecer a las generaciones de estudiantes que han sido parte del desarrollo de esa materia, y por ende, de este libro.

Caminando con el pueblo se escribe desde una perspectiva protestante latina porque ese es mi trasfondo y ellos son mi pueblo. Ocasionalmente menciono algunas de las tensiones históricas

Introducción

entre católicos y protestantes latinos porque tienen implicaciones para el ministerio en la comunidad latina. Sin embargo, el libro representa una visión protestante del ministerio entre latinas y refleja esa manera de entender el trabajo pastoral en la comunidad.

La comunidad a la que me dirijo no tiene un sólo nombre que nos identifica a todos. Somos parte del cristianismo protestante, pero la gran mayoría de los protestantes latinos no nos describimos a nosotros mismos como "protestantes". En algunas partes del mundo de habla hispana se utiliza "cristiano" para describir a los protestantes y "católico" a los católicos. Este uso es común aún entre muchos católicos, aunque niega el hecho de que todos somos parte de la tradición cristiana.

Yo fui formado utilizando para palabra "evangélico" como casi sinónimo de protestante y no como traducción del vocablo *evangelical* del inglés.[2] No quisiera perder ese uso más amplio del término, aunque reconozco las complejidades de su uso en los Estados Unidos y en partes de América Latina. En este libro estaré utilizando evangélico en este sentido más amplio. Así que, utilizaré evangélico para referirme a toda la comunidad protestante latina y no sólo a un segmento identificado con el movimiento *evangelical*. Para evitar cualquier confusión utilizaré la palabra en inglés cuando me esté refiriendo a iglesias, movimientos o personas que son *evangelical* en la definición común que se le da a esa palabra en idioma inglés.

También reconozco las dificultades "sexistas" y "machistas" del idioma español. Utilizamos el masculino para referirnos a hombres y mujeres, pero el femenino sólo para referirnos a mujeres. Se ha buscado varias formas de lidiar con este problema. Dos respuestas comunes son la de utilizar el símbolo "@" [nosotr@s]) y la repetición [nosotros y nosotras]. Las dos opciones buscan confrontar las limitaciones de nuestro idioma. Sin embargo, ninguna goza de apoyo general en el mundo de habla hispana. Así que he optado por una tercera opción, la de utilizar términos tanto masculinos como femeninos para referirme a la globalidad (el pueblo y la comunidad) y de intercambiar el masculino y el femenino para referirme a individuos (el latino y la latina) sin estarme refiriendo

xv

Introducción

sólo a hombres o a mujeres. Reconozco que esta "solución" conlleva sus propios problemas y que algunos no se sentirán completamente cómodos con este estilo. Sin embargo, será hasta mañana que encontremos una solución que respete las convenciones de nuestro idioma sin excluir a la mitad de la población. Hasta llegar a ese momento invito a tanto mujeres como hombres que nos sintamos identificados en las referencias masculinas y femeninas.

Un enfoque particular de este libro es que se dirige a los latinos como sujetos, agentes de ministerio. Escribo desde la comunidad latina, principalmente para pastores y líderes latinos y para otras personas comprometidas a trabajar entre latinos. Siendo que la meta es que todos los líderes latinos puedan tener acceso al libro se está publicando simultáneamente en español y en inglés. Agradezco a *Abingdon Press* y en particular a Robert Ratcliff y Emanuel Vargas por todo su esfuerzo para hacer posible la primera edición bilingüe en el 2007. También agradezco a Wipf & Stock por el trabajo de hacer posible esta reimpresión dentro del sello Puertas Abiertas, también en formto bilingüe.

Al final del libro hay una pequeña lista de recursos para quienes deseen analizar algunos de los temas tratados en el libro más a fondo. No pretende incluir todos los recursos disponibles sobre ministerio en la comunidad latina. Sin embargo, incluye información de cómo acceder a recursos más amplios.

Vivimos y ministramos en medio de muchas complejidades. Estamos en un mundo globalizado y los latinos estamos en constante movimiento en muchas diferentes direcciones entre norte y sur, dentro de los Estados Unidos y a través del mundo. Nos estamos encontrando con personas de todo el mundo, algo que está cambiando lo que significa llamarse latina. Hemos sido objetos de misión tanto católica como protestante por más de 150 años en los Estados Unidos. Nuestras experiencias en los Estados Unidos nos han dejado con identidades policéntricas. También estamos viviendo y ministrando en medio de cambios profundos en lo político, social, económico y religioso. *Caminando con el pueblo* fue escrito para mis hermanas y hermanos que están sirviendo en este contexto con un fuerte compromiso y un profundo sentir del

Introducción

llamado de Dios. Mi oración es que les provea de perspicacias y herramientas para que puedan ministrar más eficazmente en este lugar y en este momento que Dios nos llama a su *kairós*.

Juan Francisco Martínez
Los Ángeles, California
Septiembre 2016

1

Las complejidades de nuestra realidad latina

En la Plaza Olvera de la ciudad de Los Ángeles se venden playeras[3] que dicen "*I am Chicano, not Latino*" (Soy chicano, no latino). Por otro lado, un amigo algo recién llegado a los Estados Unidos se estaba lamentando. "Toda la vida he sido argentino. Ahora llego a los Estados Unidos y me dicen que soy latino. Nunca he sido latino y no entiendo bien lo que es eso." Estos dos casos reflejan la complejidad de la identidad latina. Utilizamos términos como latino o hispano para describirnos y algunos insistimos en uno y otros en el otro. También existen muchos entre nosotros que rechazan cualquiera de los dos vocablos o que no entienden porque se nos identifica como latinos o hispanos y no por términos que identifiquen nuestro trasfondo nacional específico.

El censo y las oficinas gubernamentales de los Estados Unidos comenzaron a utilizar el término *Hispanic* para identificar a los pueblos "hispanos" a partir de 1970. Desde esa fecha se comenzó a utilizar como una categoría a lado de las categorías "raciales" de blanco, asiático-americano, afro-americano y otras similares. *Hispanic* en sí no es una categoría racial, ni étnica, ni nacional, ni geográfica, ni lingüística, aunque incluye aspectos de cada una de esas categorías. Así que el censo utiliza toda una serie de explicaciones a lado del término para aclarar lo que significa y lo que no significa y quien es o no es *Hispanic*.

La comunidad ha debatido el uso de hispano y muchos han preferido el vocablo latino. Se dan varias razones por la preferencia, incluyendo que hispano identifica al pueblo con España, mientas que latino nos identifica con América Latina. También han surgido debates políticos y regionales con relación al uso de cada vocablo para identificar a los latinos en los Estados Unidos. Es un debate que refleja la complejidad de la gente que se quiere identificar con estos términos.[4]

Tanto "latino" como "hispano" son términos que definen la unidad de varias comunidades estadounidenses que tienen ligas con América Latina o con el mundo de habla hispana. Sirven como una especie de sombría que enfoca en lo que nos une, pero que también cubre toda una serie de diferencias entre las personas llamadas latinas. El ministerio entre latinos se hace entre la unidad y las diferencias múltiples de nuestra gente.[5]

Nuestras identidades

Existen muchos tipos de distintivos nacionales, étnicos, raciales y culturales entre los latinos estadounidenses. Una de las maneras comunes de definir esas diferencias es por medio de nuestros trasfondos nacionales. Según el censo de los Estados Unidos los grupos latinos se dividen de la siguiente forma:

Mexicanos y méxico-americanos	65.9%
Puertorriqueños	9.5%
Centroamericanos	7.8%
Sudamericanos	5.2%
Cubanos	4.0%
Otros grupos latinos	7.6%[6]

Esta manera de describir nuestras diferencias pone el énfasis en nuestras historias y en las influencias nacionales y culturales que nos han formado. Si describimos a los latinos de esta forma, notamos ciertas tendencias geográficas y poblacionales entre los latinos. Por ejemplo, los mexicanos y méxico-americanos se concentran en el suroeste, los puertorriqueños y dominicanos en el noreste y los cubanos el sur de la Florida.[7] Definirnos por medio de nuestros trasfondos nacionales nos permite identificar como y cuando llegamos a ser parte de los Estados Unidos y reconocer las diferencias culturales que nos formaron.[8]

Este tipo de distinción toma en cuenta los trasfondos nacionales, pero esconde las diferencias dentro de esos trasfondos. Muchas "minorías" dentro de la minoría latina se hacen invisibles en esta descripción. En particular "desaparecen" los inmigrantes indígenas, los de pequeñas etnias de trasfondo africano, los de reductos de habla inglesa o francesa, los que son de comunidades inmigrantes que han mantenido la identidad de su trasfondo nacional previo y los que eran recientes inmigrantes a América Latina antes de venirse a los Estados Unidos.

Definirnos por nuestros trasfondos nacionales tampoco es de ayuda al describir nuestro lugar en los Estados Unidos hoy. Da la impresión de que todos los latinos son inmigrantes, personas algo recién llegadas "de afuera." No toma en cuenta que las primeras comunidades europeas en lo que es ahora los Estados Unidos, fueron españolas, no inglesas, y que la influencia "hispana" ha existido en el territorio estadounidense por siglos. No reconoce a los latinos en los Estados Unidos que son descendientes de personas que llegaron a lo que ahora es Estados Unidos cuando era parte de España o de México. Tampoco toma en cuenta la condición particular de los puertorriqueños que han sido ciudadanos de los Estados Unidos casi desde que este país conquistó la isla de España hace más de un siglo, pero que, sin embargo, viven en una situación "intermedia" siendo que Puerto Rico ni es país independiente y ni estado de la unión estadounidense. Estas historias de "conquista" apuntan a

> Este es un punto donde para aquellos que nacimos fuera de los Estados Unidos debemos ser ayudados a comprender un millón de factores históricos que afectan nuestros ministerios: como la gente siente y reacciona frente a personas y situaciones determinadas. Además, no es lo mismo haber nacido en México (muy cerca de EEUU) que haber nacido en Argentina (muy lejos).
>
> —*Jorge Sánchez*

otra manera de reflexionar sobre las diferencias entre nosotros, las diferencias entre nuestras experiencias con relación a los Estados Unidos.[9]

Los que estaban en el suroeste cuando Estados Unidos le quitó la tierra a México fueron conquistados. Los puertorriqueños fueron colonizados después de que los Estados Unidos le quitó la isla a España. Por otro lado, los cubanos por lo general han sido recibidos como refugiados políticos, así que tienen una experiencia mucho más positiva en los Estados Unidos. La experiencia de otros inmigrantes ha variado, muchas veces dependiendo del nivel educativo y del color de la piel. Por supuesto que la persona que llegó a los Estados Unidos con visa tiene una perspectiva muy diferente a la que entró al país indocumentado. También tiende a ser diferente la experiencia de la que tiene trasfondo europeo al de trasfondo africano, indígena, mestizo o asiático. Por esta causa, algunos latinos ven a este país como uno de gran oportunidad y recibimiento mientras otros tienen perspectivas más negativas o más ambivalentes. Y esto no toma en cuenta la complejidad del indocumentado que viene a este país en busca de nuevas oportunidades pero que vive en la sombra de la realidad estadounidense y en temor de las autoridades legales.

Sin embargo, hay otro factor muy importante que nos define y hace resaltar nuestras diferencias. Este tiene que ver con el nivel de identificación con la cultura latina y el nivel de adaptación y asimilación a la cultura mayoritaria de este país o del nivel de encuentro con otros grupos minoritarios. Aquí estamos hablando de la identidad propia de cada latino, ¿cómo somos parte de la realidad latina del país y cómo somos parte de la sociedad mayoritaria? Este factor reconoce que somos un pueblo en movimiento. No se puede describir al latino en una manera estática, ni mono-cultural (latino o anglo), sino más bien se reconoce que los latinos somos gente en movimiento cultural y social y que muchos tenemos identidades policéntricas.[10]

El siguiente cuadro nos puede ayudar a entender la complejidad de nuestras identidades:[11]

Las complejidades de nuestra realidad latina

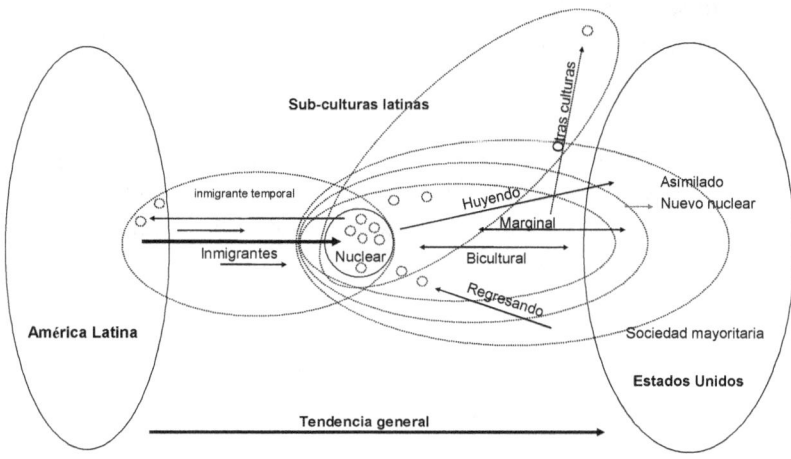

Cuadro #1
Niveles de identificación con la cultura latina

Este cuadro demuestra que hay muchas cosas en juego al pensar en nuestra identidad latina. Vivimos bajo la influencia fuerte de la cultura mayoritaria y sus tendencias asimiladoras. Son muchas las cosas que nos impulsan hacia la sociedad mayoritaria, incluyendo los medios masivos, la escuela pública y la presión social directa e indirecta. También reconocemos que toda persona que vive en los Estados Unidos tiene que adaptarse a la cultura mayoritaria de una manera u otra, aunque busque mantener su identidad étnica particular o viva en áreas de alta concentración poblacional latina.

Por otro lado también existen otras culturas en el país. Aunque no tienen el mismo poder atractivo que la cultura mayoritaria, algunas, en particular la afro-americana, han tenido mucha influencia sobre la cultura latina estadounidense. Otros latinos han sido atraídos por otras expresiones culturales que se encuentran en el país.

Pero también existen algunos factores que fortalecen la cultura latina, tales como la historia, la migración, los medios masivos en español y el tamaño de la comunidad. Por otro lado, reconocemos que nuestra identidad latina es policéntrica y fluctuante. En cierto sentido, la latina puede optar por el nivel de identificación que quiere tener con su trasfondo. Dentro de este movimiento e influencias podemos identificar varios tipos o niveles de identificación con la cultura latina y relación con la cultura mayoritaria.

En primer lugar está el *latino nuclear*. Esta es la persona que vive casi completamente dentro de su comunidad latina y tiene contacto muy limitado con cultura mayoritaria. Muchas veces estas personas son recién inmigradas o personas que inmigraron ya mayores de edad. La mayoría de estas personas hablan español como idioma principal o único.

Por lo general se considera latinos nucleares a personas recién emigradas de América Latina, que sólo hablan español y que viven en barrios latinos. Pero también hay un grupo significativo de personas latinas que caben en esta categoría aunque hablan poco español o sólo hablen inglés. Estas son personas que viven en áreas de fuerte concentración poblacional latina (por ejemplo, el sur de Texas, el norte de Nuevo México, comunidades agrícolas del centro de California o partes de Los Ángeles, Nueva York, Miami y Chicago) y se han criado y viven sus vidas dentro de comunidades latinas. Su cultura no es plenamente latinoamericana, pero tampoco anglo norteamericana. Estas comunidades reflejan cierta adaptación cultural a la sociedad norteamericana, pero mantienen fuertes rasgos latinos distintivos y muchas son nutridas por nuevos inmigrantes.

El segundo tipo es el latino *bi-cultural*. Esta persona vive la vida negociando entre la sociedad mayoritaria y su comunidad latina. Entiende bien las "reglas" culturales de cada agrupación y puede caber en los dos. Opta por mantener un balance entre las dos en su ser, casi siempre en algún nivel de tensión. La mayoría de estas personas son nacidas o criadas en los Estados Unidos. Por lo general manejan bien los dos idiomas y los pueden hablar con ningún o muy poco "acento". Viven diferentes aspectos de su vida en cada uno de los dos mundos, aunque en ocasiones no se sienten completamente en casa en ninguno de las dos.

También existen latinas bi-culturales que aprenden a vivir entre la cultura latina y otra cultura minoritaria. Todo lo que se dijo en el párrafo anterior también se aplica a ellas, pero con relación a otro grupo minoritario del país.

El tercer tipo es el *latino marginal*. No se ha desligado completamente de la cultura latina, pero sólo se identifica con ella de una forma ocasional. Le gustan algunos de los artefactos culturales latinos (comida, música, telenovelas, etc.) y disfruta pasar tiempo dentro de la comunidad latina, pero vive su vida por los patrones de la cultura mayoritaria (u otra cultura). Algunos latinos que se criaron en iglesias evangélicas latinas siguen asistiendo a iglesias latinas como una forma de mantener ligas dentro de la comunidad, aunque su identificación con otros aspectos de la cultura latina es marginal.

Un cuatro tipo es el *latino que está huyendo* de su cultura. Esta es la persona que activamente está buscando hacerse parte de la cultura mayoritaria y está persuadida de que la manera de hacerlo es por medio de desconectarse de lo latino. Algunos rehúsan hablar español o relacionarse con otros latinos. Otros tratan de negar sus raíces latinas, anglicanizando sus nombres. Pero aunque no nieguen su trasfondo lo ven como parte de su pasado y como lastre en este país. Su deseo y finalidad es incorporarse a la cultura norteamericana lo más pronto posible

El *latino que está regresando* representa un quinto tipo de identificación latina. Esta persona, muchas veces de segunda, tercera o cuarta generación, redescubre su identidad latina y busca fortalecerla. Algunos son personas que fueron criadas dentro de la cultura mayoritaria, pero ahora quieren retomar aspectos de su identidad latina. Esta tendencia también se ve entre jóvenes latinos que están buscando identificar su lugar como latinos y estadounidenses. Otro tipo de latina que regresa es la que han tenido "éxito" en la cultura mayoritaria, pero que siente que una parte de su identidad se ha perdido y está buscando recuperarla.

> Tenemos jóvenes (segunda generación) nacidos acá y muchos de ellos se sienten más cómodos usando el inglés. Sin embargo, muchos de la "tercera generación" desean recobrar el castellano.
>
> —*Fernando Santillana*

El *latino asimilado* es el sexto tipo. Esta persona se identifica como hispano o latino en los reportes del censo de los Estados Unidos, pero sus expresiones culturales y su estilo de vida son netamente de la sociedad mayoritaria. No tiene mayores rasgos culturales latinos, sólo una memoria histórica de que sus antepasados fueron de América Latina o del mundo de habla hispana. No se siente identificada con la comunidad latina. Esta persona refleja el "éxito" del esfuerzo asimilador de la sociedad norteamericana.

Queda todavía una séptima opción, la de la latina que se une a *otra cultura*. Esta persona está dejando atrás su trasfondo latino, pero no se está asimilando a la cultura mayoritaria, sino a otra cultura minoritaria, muchas veces por matrimonio. Por ejemplo, existe un número de latinos que no sólo son atraídos por aspectos de la cultura afro-americana sino que se están identificando plenamente con ella.[12]

Lo que este cuadro no puede demostrar es lo dinámico del encuentro entre culturas y el impacto sobre personas. La cultura "angla" es la dominante en este país y es una que busca asimilar a los que son de otras culturas. Tiene muchos recursos a su disposición para cumplir esta tarea. Sin embargo, la cultura latina también tiene un impacto, aunque pequeño, sobre la cultura dominante. Por otro lado están las otras expresiones culturales que también están participando en este proceso. En este encuentro entre culturas vivas y elásticas, uno ve un proceso de cambio constante, un proceso que tiene impacto sobre cada cultura.

Este proceso de encuentro afecta a los miembros de cada cultura, causando cambios en todas las culturas que son parte del proceso, aunque más en la cultura minoritaria. La latina se encuentra en un proceso de adaptación y ante la presión de la asimilación. Pero también es creadora de cultura y adapta su cultura ante la realidad de vivir en los Estados Unidos. Ese proceso de adaptación se ve en la dinámica de los niveles de identificación que acabamos de describir. Ese proceso no es estático ni unidireccional. El latino se mueve dentro de este proceso de diferentes maneras en diferentes momentos de su vida. El latino nuclear puede optar por salir de su sub-cultura y el asimilado puede redescribir su latinidad. El joven latino puede experimentar con varias opciones al ir definiendo su identidad. Es en medio de ese proceso, y con personas a diferentes niveles de identificación, que se sigue desarrollando la cultura latina.

Otro aspecto que es difícil graficar es el proceso de nuevas creaciones culturales que se están viendo en el encuentro cultural globalizado. Se comienza a ver expresiones culturales que están tomando de varias culturas y están creando nuevos espacios e identidades. Está por verse cual de estas expresiones van a considerarse variantes o avances de las culturas existentes y cuales van a necesitar nuevos nombres para distinguirlas de las culturas actuales.

Si uno toma en cuenta el hecho de la presión asimiladora de los Estados Unidos y la realidad de la aculturación y asimilación social de muchos latinos, se necesita explicar cómo es que sigue existiendo la comunidad latina como entidad claramente definida. Esto se debe a una serie importante de factores: 1) la relación histórica entre los Estados Unidos y América Latina; 2) la cercanía de los Estados Unidos a México y América Latina; 3) la inmigración constante desde países de habla hispana; y 4) la existencia de grandes comunidades latinas (reductos culturales) en los Estados Unidos. Por causa de estos factores se sigue fortaleciendo la cultura latina y el idioma español en los Estados Unidos, a pesar de la fuerte influencia asimiladora de la cultura estadounidense y del número creciente de latinos asimilados a la cultura mayoritaria o a otras culturas.

Se puede ver cierta tendencia generacional en el nivel de identificación étnica y muchos hablan de los latinos de primera y de segunda generación (o generaciones posteriores) como una manera de describir los cambios de aculturación y asimilación. Existe cierta realidad detrás de esta observación, aunque no es suficientemente explicativa de la experiencia latina. En áreas de alta concentración latina, hay personas de quinta o sexta generación que siguen viviendo dentro de una sub-cultura latina y existen latinos que tienen varias generaciones en el país que siguen utilizando el español. También se está haciendo más común el que latinos nacidos en este país se casen con inmigrantes, alterando el "proceso" de asimilación. Por causa del movimiento constante de personas entre América Latina y los Estados Unidos, sigue la influencia latinoamericana sobre comunidades en los Estados Unidos y se sigue manteniendo vivo el idioma español y la cultura latina. Así que, aunque hay muchos individuos que se están asimilando, sigue creciendo el lugar y la importancia de la cultura latina y del idioma español.

Migración, globalización e identidad[13]

Más allá de México

Aunque en esta vida
Yo tenga tristeza
Se que allá en el norte
Tengo una mansión.

La migración ha sido parte de la identidad latina desde 1848. Durante el siglo diecinueve siempre hubo movimiento en las dos direcciones entre México, el Caribe y los Estados Unidos. Los flujos fueron pequeños, pero sirvieron como puente de enlace entre las comunidades en los Estados Unidos y el mundo de habla hispana. Este patrón de movimiento bi-direccional sufrió su primer cambio con el inicio de la revolución mexicana en 1910. Miles de mexicanos entraron a los Estados Unidos huyendo de la violencia. Esto coincidió en cierta manera con el ingreso de los Estados Unidos a la primera guerra mundial. Así que estos inmigrantes fueron bienvenidos como obreros para tomar el lugar de los soldados que había dejado los campos y las fábricas sin mano de obra. Cuando comenzó la Gran Depresión hubo una reacción anti-inmigrante que causó la deportación forzosa de mucha de esta gente, incluyendo personas nacidas en los Estados Unidos. Al iniciar la segunda guerra mundial se buscó de nuevo la mano de obra mexicana y al terminar la misma hubo otra reacción anti-migratoria. Así comenzó un patrón laboral e inmigrante que sigue hasta el día de hoy y que explica el alto número de latinos de trasfondo mexicano. También explica el gran número de latinos que viven parte del año en América Latina y parte en los Estados Unidos. El vaivén de interés y rechazo hacia el obrero latino inmigrante se refleja en las industrias como la agricultura, la construcción y los servicios (limpieza, cuidado y cocina), que dependen de la mano de obra latina, con o sin documentos legales, y al mismo tiempo, la fuerte postura anti-inmigrante de otros segmentos de la población estadounidense

Cada una de las comunidades latinas en los Estados Unidos tiene sus propios patrones migratorios. Los puertorriqueños fueron declarados ciudadanos estadounidenses en 1917, en parte para reclutarlos para servir en el ejército. Después de servir en la Segunda Guerra Mundial muchos soldados puertorriqueños vieron que había mucha más oportunidad económica en los Estados Unidos que en la isla y en 1945 comenzó un patrón migratorio entre la isla y algunos estados del nordeste de la unión americana que sigue hasta hoy.

> Para ministrar en una comunidad de inmigrantes, desde el comienzo debemos saber que tendremos una gran puerta trasera abierta en forma permanente.
>
> —Jorge Sánchez

Los cubanos comenzaron a inmigrar en números significativos después de que Fidel Castro entrara al poder en Cuba. A través de los años ha habido varias olas migratorias desde la isla. Hasta el día de hoy cualquier cubano que alcance a tocar territorio estadounidense puede solicitar asilo político.

Los dominicanos comenzaron a inmigrar después de la intervención estadounidense en Santo Domingo en 1963. La migración desde Centroamérica comenzó en grande a partir de las guerras civiles que se dieron en la región, particularmente en El Salvador y Guatemala durante las décadas de 1970 y 1980. Algunos de los patrones migratorios desde Sudamérica también obedecen a eventos específicos y a situaciones políticas particulares, aunque en menor escala.[14]

La migración es ahora parte de la realidad globalizada de nuestro mundo. La globalización ha abierto nuevas oportunidades económicas, pero también ha puesto nuevas presiones económicas sobre mucha gente. El libre flujo de bienes y capital también está creando un movimiento, aunque no tan libre, de personas, buscando mejores opciones laborales y mejor estado de vida. En la última década ha habido un gran flujo migratorio hacia los Estados Unidos, con o sin documentos legales, y todo parece indicar que va a seguir.

Esta ola migratoria tiene algunas características importantes que la distingue. Por un lado, la facilidad de transporte y comunicación hace que la nueva inmigrante no tenga que cortar sus ligas con América Latina. Ella tiende a crear una identidad híbrida, policéntrica, que incluye su país de origen y su país adoptivo. Sigue viajando o comunicándose con sus familiares y por eso tiene un pie "allá" y otro "acá". Su identidad se forma en el encuentro constante entre sus "dos países".

Varios países de América Latina también se están aprovechando de este flujo migratorio para mantener cierta estabilidad económica y social en sus países. Países como México, El Salvador y Guatemala dependen en gran manera de las remesas que envían sus ciudadanos a familiares. Este dinero es una fuente importante de ingreso y la migración hacia los Estados Unidos también es una válvula de escape que les permite a los gobiernos de varios países evitar o minimizar tensiones socioeconómicas y políticas importantes. El flujo migratorio en las dos direcciones también está creando nuevas sub-culturas en América Latina que han sido influenciadas por su experiencia temporal en los Estados Unidos.

Estos patrones migratorios también tienen un impacto muy significativo sobre la identidad latina en los Estados Unidos. El flujo constante a través de generaciones ha creado los que algunos han llamado la "eterna primera generación". Los latinos tienen generaciones en los Estados Unidos, pero siguen siendo identificados como inmigrantes. Y el movimiento migratorio constante, en las dos direcciones, mantiene fuerte las ligas entre las comunidades latinas en los Estados Unidos y América Latina.

Pero este movimiento también afecta nuestra identidad en muchas maneras. Algunos se sienten como la India María "ni de aquí, ni de allá". Otros tratamos de cortar nuestra identificación con los inmigrantes nuevos. La migración también nos pone en contacto con personas latinas con las cuales habríamos tenido poca relación en América Latina, creando nuevos mestizajes culturales, dentro de la realidad latina. Siendo que estos movimientos son tanto hacia el norte como hacia el sur, también están teniendo fuerte impacto en América Latina. Todo este movimiento nos deja entre varias identidades, sin un compromiso común hacia un modelo de participación en la sociedad estadounidense.

El movimiento migratorio latino se está dando en medio de una migración mundial. Las latinas están encontrándose con otros inmigrantes de todo el mundo. En el suroeste de los Estados Unidos este movimiento se está dando en una "franja fronteriza" (*Borderlands*) de mucho cambio e interacción social y cultural. En ciudades como Los Angeles o Nueva York se hablan más de cien idiomas y constantemente se están creando nuevos mestizajes culturales. Esta franja fronteriza es vista como un lugar de esperanza para muchos, pero también es un lugar de explotación. Existen muchas oportunidades, pero también muchas dificultades en medio de este movimiento global de personas.

La compleja identidad del/a latino/a de este país procede de las ambivalencias, tratos y hechos históricos que arrancan de mediados del siglo XIX y que tuvieron lugar particularmente en los estados del suroeste... Soy del parecer que toda persona que piensa ministrar entre el pueblo latino debe conocer su historia para entender su realidad actual.

—*Eduardo Font*

La realidad socio-económica de los nuevos inmigrantes los lleva a tomar residencia en lugares que tradicionalmente se han distinguido por una serie de males sociales. Esos males son el modelo para nuestros jóvenes que andan en búsqueda de su identidad y de sobrevivir en tales lugares.

—*Roberto Colón*

Este movimiento migratorio ahora es parte de un debate nacional en los Estados Unidos. Los inmigrantes, indocumentados e documentados, proveen mucho beneficio económico al país, pero su presencia crea toda una serie de tensiones. Algunos temen que la presencia latina va a cambiar fundamentalmente el carácter y la identidad nacional de los Estados Unidos.[15] En ocasiones parece que algunos estadounidenses desean los beneficios de la mano de obra latina, pero quieren que las personas desaparezcan. El temor al cambio que puedan ocasionar los inmigrantes ha creado una reacción anti-latina en algunos segmentos de la sociedad estadounidense. En otras palabras la identidad latina también está afectando la identidad nacional estadounidense.

Las iglesias evangélicas latinas se desarrollan en medio de este movimiento migratorio. Algunas de las iglesias más jóvenes "inmigraron" con sus miembros. Las más antiguas han tenido que lidiar con los cambios que traen los nuevos inmigrantes. Y muchas iglesias reconocen que sus miembros están en movimiento constante y que tienen múltiples ligas eclesiales tanto en los Estados Unidos como en América Latina.

Realidades culturales

En su libro sobre *La condición hispánica* el autor Ilan Stavans reflexiona sobre las complejidades de la cultura e identidad latina. Somos un pueblo [o varios pueblos] que seguimos luchando con claramente definirnos a nosotros mismos. Nuestras variadas experiencias nos dejan sin una visión común de cómo debiera ser nuestra identidad dentro de los Estados Unidos. Tenemos líderes que nos llaman a la asimilación total, mientras que otros buscan el fortalecimiento de nuestra identidad distintiva. Nos cuesta definir que es lo que nos une como pueblo. Algunos abogan por el uso del idioma español como el identificador común, incluyendo personas que poco lo hablan. Otros, como Stavans, abogan por el Espanglish, mientras que muchos latinos sólo hablan inglés. A esta discusión no resuelta se unen nuevas generaciones de inmigrantes que tienen sus propias perspectivas sobre lo que debiera ser el centro de la cultura e identidad latina y nuevas generaciones de latinos nacidos en los Estados Unidos que están creando expresiones culturales híbridas que combinan las diferentes realidades culturales que están viviendo. Siendo que nuestras identidades están constantemente en fluctuación es difícil imaginar una situación en que estas tensiones queden "resueltas". Parte de nuestra identidad y cultura latino-estadounidense es vivir en el guión "-" entre las múltiples influencias que son nuestra realidad.[16]

Situación socio-económica

El crecimiento de la comunidad latina en los Estados Unidos está presentando una serie de retos sociales y económicos. Al mismo tiempo que muchos latinos están encontrando nuevos espacios y oportunidades socio-económicas, también vemos un número creciente de latinos que se están quedando rezagados en la educación, la salud y el nivel económico. Algunos de los problemas que más nos preocupan son:

Conocemos las necesidades de nuestra comunidad latina, no solo porque soy hispano, al igual que ellos, sino que también por muchos años fui también indocumentado, al igual que ellos. Las necesidades de nuestra gente no solo es espiritual, sino también familiar, económica, física, educativa, y por supuesto, también migratoria.

—*René Molina*

- Los niveles crecientes de descomposición familiar
- El machismo y sexismo que se manifiesta en violencia contra la mujer o la limitación de oportunidades para la mujer
- El hacinamiento que sufren muchos latinos en las ciudades
- Los jóvenes latinos que no terminan la secundaria o high school
- El número creciente de latinos por debajo del nivel de pobreza
- El nivel de suicido entre adolescentes latinas
- El número de madres solteras jóvenes

- El porcentaje de indocumentados
- Los racismos dentro de la comunidad latina, particularmente hacia los indígenas y los de trasfondo africano

Todos estos factores están afectando adversamente a la comunidad latina. Mientras vemos y celebramos el avance de individuos, nos damos cuenta que el estado de la comunidad en general está descendiendo. El futuro inseguro de los indocumentados termina de complicar esta situación por limitar las oportunidades educativas para muchos jóvenes latinos que han vivido todas sus vidas en este país. También afecta el acceso limitado o inexistente a servicios sociales que confrontan muchos latinos que pagan impuestos, pero no se pueden beneficiar de los servicios por ser indocumentados, o por no ser residentes permanentes del país, aunque estén aquí legalmente. [Para más información sobre la situación actual de la comunidad latina y de algunos de los estudios principales sobre la comunidad latina, favor de ver la bibliografía al final del libro.]

> Necesitamos encarnarnos completamente en la comunidad. Sus necesidades necesitan estar conscientemente en nuestros corazones.
>
> —David Castro

La participación política latina

Aunque la comunidad latina es la minoría más grande en los Estados Unidos, su tamaño no se refleja en la vida política del país. Esto se debe a varios factores. Por un lado, un fuerte porcentaje de la población latina no tiene ciudadanía estadounidense, así que muchas latinas no pueden votar. Pero también le es emocionalmente difícil a muchos inmigrantes hacerse ciudadanos estadounidenses, aunque puedan hacerlo. Por causa de su identidad policéntrica, muchos siguen teniendo fuertes ligas con sus países latinoamericanos y algunos hasta han participado activamente en la política de sus países de origen. También hay latinos con ciudadanía dual que les mantiene conectados con la vida política de los Estados Unidos y de su país en América Latina.

Las complejidades de nuestra realidad latina

La poca participación política también se debe a otros factores importantes. Muchos latinos nacidos en este país sienten la misma frustración o indiferencia que se refleja en el hecho de que sólo la mitad de la población estadounidense vota. Muchos latinos que son ciudadanos cuestionan el valor de su participación electoral y otros viven en una situación económica precaria en la cual votar no tiene alta prioridad. Entre las latinas que votamos se reflejan las diferencias que ya hemos mencionado. Estas tienden a dividir el voto entre los partidos políticos principales, diluyendo cualquier influencia directa que pudiera venir aun de los que votamos. Al no concordar sobre nuestra visión de los Estados Unidos, ni de la participación latina en el país, nuestro voto no influye al país en una dirección común.

Otro factor que limita la influencia política latina es la postura política "rara" de muchos latinos. La gran mayoría concuerda con los republicanos conservadores en asuntos de moralidad personal, como el aborto o el matrimonio homosexual. Pero los latinos tienen más afinidad con los demócratas en lo que tiene que ver con asuntos de impacto social como, por ejemplo, en la reforma migratoria, la educación y los programas de asistencia social. Esto crea una situación difícil para muchos latinos que votan a favor de un partido u otro dependiendo cual de estos dos factores pesa más para ellos en una elección u otra.

Todos estos factores influyen para que el voto latino tenga mucho menos impacto que pudiera tener por causa del tamaño de la comunidad. Esto limita la capacidad de la comunidad latina para influir en las decisiones del gobierno estadounidense que se necesitan tomar para responder a las problemáticas sociales mencionadas en la sección anterior. Al seguir creciendo la comunidad latina va a crecer su influencia política. Pero probablemente será mucho tiempo antes de que su influencia corresponda a su tamaño demográfico.

Conclusión

Las iglesias latinas tienen el reto de ministrar en medio de esta complejidad. Los pastores y líderes latinos viven inmersos en esta realidad. Necesitan entender lo que está viviendo la comunidad, pero también reflexionar sobre las causas para poder apuntar hacia soluciones. Las iglesias también necesitan reconocer que no están ajenas a las complejidades que se han descrito, sino que son parte de esta realidad. Juegan un papel importante dentro de la comunidad y tendrán un impacto sobre los esfuerzos de solucionar los problemas mencionados, como también de definir el lugar de los latinos en la sociedad estadounidense. Este es nuestro pueblo y aquí nos toca ministrar.

> El ministerio en la comunidad latina de los Estados Unidos debe ser uno que responda a la gran variedad de necesidades dentro de esta comunidad.
>
> —*Pablo Anabalón*

2

Protestantes y latinos en los Estados Unidos

La experiencia latina en los Estados Unidos representa una serie de complejidades sociales y culturales que complican cualquier esfuerzo de ministerio pastoral. No sólo hemos tenido diferentes experiencias sociales, culturales e históricas, sino también traemos una variedad de experiencias religiosas. En particular, la relación entre latinos y protestantes estadounidenses ha reflejado esa complejidad de experiencias.

Repaso histórico de la evangelización protestante

Las iglesias protestantes de los Estados Unidos comenzaron a mandar misioneros a América Latina a principios del siglo XIX. Durante ese tiempo también comenzaron a pensar en los "mexicanos" de lo que ahora es el suroeste de los Estados Unidos. Después de la conquista de suroeste en 1848 varias agencias misioneras hablaron de la necesidad de evangelizar a los mexicanos conquistados. Hubo algunos esfuerzos misioneros iniciales en la década de 1850. Estos produjeron los primeros convertidos y las primeras congregaciones evangélicas latinas. Sin embargo, no fue hasta después de la Guerra Civil Estadounidense (1861–1865) que los protestantes comenzaron a hacer obra entre los aproximadamente 100,000 mexicanos, hechos ciudadanos estadounidenses, que se quedaron en el suroeste.

Esos contactos iniciales en el suroeste durante el siglo 19 tuvieron un paralelo mucho más pequeño entre los refugiados cubanos y puertorriqueños, y los inmigrantes españoles y latinoamericanos, en el este de los Estados Unidos. Pero todos los misioneros protestantes tenían en común la unión entre evangelización y americanización. Ellos estaban seguros de que su tarea tenía que incluir el proceso de americanizar a los latinos que vivían en el país. Muchos líderes protestantes temían que los latinos, casi todos católicos, le harían daño al país. En particular, temían la posible influencia negativa de los mexicanos del suroeste, siendo que el Tratado de Guadalupe-Hidalgo (1848), en que México cedió las tierras del suroeste después de la invasión estadounidense, también les dio el derecho de ciudadanía a los mexicanos que se quedaron en la región.

Estos primeros esfuerzos misioneros, y los que les siguieron a través del siglo XIX y la primera parte del siglo XX, todos trabajaban desde la perspectiva de la deficiencia. Los latinos eran vistos como personas con muchas necesidades y los protestantes de la cultura mayoritaria tenían la responsabilidad de suplir esas necesidades. Ellos necesitaban el evangelio, pero también necesitaban aprender las costumbres estadounidenses, el idioma inglés, la higiene y los avances tecnológicos. Los misioneros y las iglesias protestantes veían la misión entre los latinos como su responsabilidad tanto por ser buenos cristianos como buenos estadounidenses.[17]

> Los retos más obvios continúan siendo percepciones erróneas que a su vez generan realidades socioculturales, económicas y políticas que afectan negativamente la existencia y la calidad de vida de las comunidades latinas en los Estados Unidos. Estas percepciones son tanto de carácter externo como interno.
>
> —*Oscar & Karla García*

A través del siglo XX y en los primeros años del siglo XXI se ha visto una serie de olas de interés o desinterés misionero de las agrupaciones protestantes hacia las comunidades latinas. Por

Protestantes y latinos en los Estados Unidos

lo general el interés ha aumentado y menguado según los patrones migratorios del momento. Al crecer el número de evangélicos en América Latina varias denominaciones estadounidenses también han ampliado su ministerio entre latinos en los Estados Unidos utilizando líderes emigrados de América Latina. El día de hoy vemos que casi todas las denominaciones protestantes, conservadores o liberales, tienen algún ministerio o alguna iglesia entre la comunidad latina. Algunos tienen un largo historial entre la comunidad y otros parece que nos descubrieron hace poco. Pero el interés en hacer misión entre los latinos parece estar en aumento.

Paralelamente a estos esfuerzos de las iglesias y denominaciones mayoritarias, las iglesias evangélicas latinas, mayormente de corte pentecostal, ha comenzado y ampliado sus propios ministerios dentro de la comunidad. Muchos de estos esfuerzos tienen poca relación con las denominaciones estadounidenses tradicionales. Algunos de estos movimientos han nacido en los Estados Unidos, mientras que otros han llegado con los nuevos inmigrantes que vienen de América Latina. Mucho del crecimiento actual del movimiento evangélico latino se está dando entre este tipo de iglesia.

Relaciones entre evangélicos latinos y estadounidenses

El trabajo misionero protestante entre los latinos ha producido un número creciente de iglesias y miembros. Pero estas iglesias latinas tienen diferentes tipos de relaciones con las iglesias protestantes mayoritarias.

> Es un deber ministerial conocer la historia de la iglesia latina para aprender de nuestros errores anteriores y aprender de los muchos logros que hemos tenido como latinos en este país.
>
> —*Saúl & Rosamaría Maldonado*

Caminando entre el Pueblo

Iglesias latinas en denominaciones estadounidenses

La evangelización protestante produjo miembros latinos cuya relación con las estructuras estadounidenses no siempre fue clara. Las denominaciones principales que trabajaron entre latinas en el siglo XIX y principios del siglo XX casi siempre formaron distritos o conferencias de habla hispana. En el suroeste varios de estos distritos fueron ligados, formal o informalmente, con los esfuerzos misioneros en México. Estas agrupaciones no siempre tuvieron mucha estabilidad y algunas desaparecieron o fueron reestructuradas al ir cambiando el estado de las iglesias latinas. Sin embargo, en algunas denominaciones estas agrupaciones fueron la base de crecimiento y desarrollo de liderazgo. En esas denominaciones las estructuras latinas tienen décadas de existencia y una que otra ya tiene más de un siglo de vida.

Otras denominaciones o movimientos que han comenzado un "ministerio latino" más recientemente han optado por modelos híbridos en que las iglesias latinas son parte de un mismo distrito o conferencia como todas las otras iglesias, pero tienen alguna estructura paralela o informal para que las iglesias latinas se relacionen y trabajen juntas. Hasta el día de hoy existen opiniones fuertes sobre el valor o las limitaciones de tener o no tener estructuras específicamente latinas dentro de las denominaciones estadounidenses.

Algunas denominaciones tienen estructuras múltiples para las iglesias latinas. Por ejemplo, las Asambleas de Dios tiene distritos latinos, pero también tiene iglesias latinas que son parte de distritos "anglos" y aún iglesias latinas que son parte del distrito de habla portuguesa. Esto crea situaciones en que iglesias latinas de una misma denominación, ministran en una misma comunidad, pero no tienen ninguna relación denominacional directa entre ellas mismas.

Estas relaciones se complican más al ir creciendo el número de latinos que son parte de iglesias "anglas". Desde el siglo XIX ha habido latinos que se hace parte de iglesias de la cultura mayoritaria. Por lo general se ha asumido que estas personas son más asimiladas y que no buscan expresar su identidad latina al ir a la iglesia. Pero la realidad es que muchas de estas personas latinas, siguen teniendo fuertes ligas culturales latinas, pero estas ligas no tienen manera de expresarse en la iglesia. Su cultura y su experiencia religiosa se expresan en dos esferas muy diferentes y muchas veces estos latinos son "invisibles" en las iglesias mayoritarias.

Otro fenómeno reciente es el número pequeño, pero creciente, de pastores latinos al frente de iglesias "anglas" o congregaciones multiculturales. Estas personas están cambiando las categorías tradicionales de ministerio entre diferentes etnias y culturas y están obligando a las iglesias a pensar en maneras nuevas sobre lo que significa hacer ministerio en la comunidad latina.

También está creciendo, poco a poco, el número de líderes latinos en instituciones protestantes. Poco a poco hay más latinas en las estructuras denominacionales, en los seminarios, universidades y escuelas protestantes. Algunos están allí para ministrar a los latinos y no tienen mayor influencia fuera de la comunidad latina. Otros parecen estar en una situación opuesta, donde tienen influencia general, pero no tienen el espacio para apoyar directamente a la comunidad latina. En algunos casos tampoco está claro si parte de su función es de servir como "trofeos" (*tokens*) para que se pueda decir que tal o cual estructura "cree" en los latinos. Sin embargo, sigue creciendo el número de latinos en estas instituciones y se puede anticipar que también seguirá creciendo su influencia en dichas entidades.

Siendo que la comunidad latina sigue creciendo, muchas denominaciones, movimientos e iglesias están despertando a la necesidad y a las posibilidades de ministerio que representa la comunidad latina. También las denominaciones que tienen mucho tiempo trabajando en la comunidad latina están viendo la necesidad de aumentar su compromiso misional dentro de la comunidad. Esto significa que las relaciones inter-culturales en las denominaciones estadounidenses se irán haciendo más complejas al ir cambiando la composición demográfica de las mismas.

Caminando entre el Pueblo

Denominaciones y movimientos latinos y latinoamericanos

Paralelamente a los esfuerzos denominacionales estadounidenses han surgido movimientos y denominaciones netamente latinas o latinoamericanas que han establecido iglesias y ministerios dentro de la comunidad latina. Muchos de estos esfuerzos ministran sin tener ninguna relación directa con las denominaciones estadounidenses. Casi todos estos movimientos tienen sus orígenes en el pentecostalismo o los movimientos carismáticos.

Las primeras denominaciones de este tipo nacieron en los Estados Unidos poco después del avivamiento pentecostal a principios del siglo XX. Otras comenzaron en América Latina y fueron traídas a los Estados Unidos por inmigrantes. En la última parte del siglo XX se comenzó a ver una proliferación de movimientos venidos de América Latina o comenzados por pastores latinos en los Estados Unidos. Todo parece indicar que seguirá creciendo el número de estos movimientos nuevos de corte pentecostal o neo-pentecostal dentro de la comunidad latina.

Estos movimientos cuentan con ciertas ventajas favorables para la comunidad latina. Son estructuras dirigidas por latinos y que están desarrollando sus propios ministerios. Existe el espacio para levantar una nueva generación de líderes y pueden desarrollar sus propias visiones porque no dependen de liderazgo exterior, ni de fondos de afuera.

Sin embargo, estas iglesias luchan con muchas de las mismas complejidades culturales que otras iglesias evangélicas latinas. Los movimientos comenzados por latino-estadounidenses no siempre entienden a los inmigrantes y viceversa. Las iglesias inmigrantes muchas veces quieren seguir sus ministerios como en sus países de origen y no siempre entienden los

> Los que no terminan de ser realistas reconociendo que aquí no es su país y que la congregación donde están no es la que tenían en su tierra, son personas que en cierta manera afectan el desarrollo del trabajo porque transmiten su irrealidad a otros (menos mal que son minoría), gracias a Dios la mayoría termina acoplándose al cambio.
>
> —*René Molina*

cambios que están ocurriendo entre sus mismos miembros. En ocasiones también luchan con las mezclas culturales y nacionales que se dan aquí y con los cambios de aculturación que demuestran sus propios hijos e hijas ya nacidos y formados en los Estados Unidos.

Estos movimientos e iglesias son un reflejo claro de la complejidad policéntrica latina. Tienen liderazgo latino y cuentan con una base económica latina. Proveen espacio para el desarrollo de liderazgo latino. Sin embargo, no pueden evitar muchos de los mismos retos que enfrentan las iglesias latinas ligadas a las denominaciones estadounidenses.

Perspectivas del ministerio latino desde las iglesias y denominaciones estadounidenses

Los esfuerzos protestantes estadounidenses dentro de las comunidades latinas tienden a reflejar ciertos patrones que se repiten entre las diferentes denominaciones. Estos demuestran la perspectiva que se tiene con relación al lugar de la comunidad latina dentro de la sociedad mayoritaria y la historia que ha tenido la denominación con los latinos.

Ministerio "a" o "para" los latinos

Uno de los modelos más comunes de ministerio protestante entre los latinos es uno en que los latinos son vistos principalmente como objetos de misión. Este tipo de ministerio comienza cuando alguna iglesia "descubre" a los latinos en su medio. Por lo general estos proyectos buscan suplir alguna necesidad percibida entre los latinos. Este tipo de proyecto está en manos de gente no latina. Si tiene algún liderazgo latino, la persona es empleada de la iglesia o ministerio y ha de seguir los lineamientos de la misma. Algunos de estos esfuerzos hacen mucho a favor de la comunidad latina. Sin embargo, estos ministerios no asumen que los latinos se harán responsables de los esfuerzos, ni que latinos serán las personas principalmente encargadas de dichos proyectos.

Ministerio "con" los latinos

A través del mundo se habla de la importancia de formar "sociedades" (*partnerships*) entre las iglesias del mundo "rico" y el mundo "mayoritario". Lo que se busca en estos esfuerzos es que todos se sientan dueños de lo que se está haciendo.

> Los retos en general como líderes latinos en la comunidad son grandes ya que por no tener suficientes recursos financieros tenemos que acudir y buscar ayuda a las iglesias anglas.
>
> —María Hamilton

Muchas denominaciones e iglesias en los Estados Unidos han desarrollado, o buscan desarrollar, este tipo de modelo de ministerio. Varias denominaciones tienen iglesias latinas fuertes y líderes latinos como parte de las estructuras denominacionales. Pero sus números están muy por debajo de los porcentajes de latinos protestantes en los Estados Unidos.

Este tipo de modelo asume que los latinos pueden tomar cierto tipo de responsabilidad del proyecto. Al establecer iglesias bajo este tipo de premisa por lo general se espera que los latinos tomen plena responsabilidad de la iglesia después de cierto tiempo, por lo general de dos a cinco años. El éxito o fracaso de estos intentos muchas veces depende de lo que se supone necesita una iglesia para tener un ministerio eficaz y auto-sostenible. Cuanto más se busca desarrollar una estructura parecida a la de iglesias de la cultura mayoritaria, cuanto más difícil tiende a ser establecer una iglesia latina auto-sostenida.

Latinos como los sujetos de misión

Paralelamente a los esfuerzos misioneros han crecido iglesias latinas que no tienen ligas directas con denominaciones estadounidenses. Las primeras de estas iglesias nacieron después del avivamiento de la Calle Azusa a principios del siglo XX. A través de los años han surgido muchos movimientos, la mayoría de ellos pequeños, que nacen con un liderazgo latino y que son sostenidos directamente por latinos.

Protestantes y latinos en los Estados Unidos

Históricamente los latinos que han inmigrado a los Estados Unidos, sean católicos o evangélicos, no han "importado" sus iglesias y líderes religiosos, como muchos de los inmigrantes europeos. Sin embargo, eso ha comenzado a cambiar en las últimas décadas. Varios movimientos evangélicos latinoamericanos han establecido iglesias en los Estados Unidos, mayormente siguiendo los patrones migratorios de sus feligreses. La mayoría de estas iglesias tienen pocas ligas directas con denominaciones estadounidenses y mantienen fuertes conexiones con sus sedes centrales en Latinoamérica.

También existen iglesias latinas que tienen ligas formales con denominaciones estadounidenses, pero que dirigen y sostienen sus propios ministerios y proyectos. Sigue creciendo el número de iglesias latinas que no dependen de apoyo externo para desarrollar sus ministerios. Estas iglesias están comenzando a cambiar la perspectiva de dependencia que habían asumido muchas iglesias al pensar en ministerio entre latinos.

Ministerio entre latinos en la práctica

El cuadro #2 describe los "tipos" de esfuerzos misionales que hacen congregaciones o ministerios no latinos al ministrar en la comunidad y el creciente lugar que pueden tener las latinas en el ministerio en la comunidad.

Servicios para la comunidad

    Cultos

        Departamentos

            Congregaciones Hermanas
            Ministerios en "sociedad"

                Iglesias Hijas
                Ministerios independientes

Creciente autonomía y responsabilidad
———————————————————————————→
Liderazgo – Visión – Programa – Finanzas

Cuadro #2
Modelos de ministerio en la comunidad latina
desde la comunidad mayoritaria

Servicios para la comunidad—Por lo general iglesias o denominaciones estadounidenses comienzan su compromiso con la comunidad latina ofreciendo algún servicio o supliendo alguna necesidad. Este tipo de respuesta es común en áreas donde los latinos son recién llegados. El ministerio tiende a variar según la perspectiva teológica de cada iglesia. Algunos de los esfuerzos más comunes son clases de inglés, tutoría a los niños, alimentos para familias en necesidad, apoyo a jornaleros o sesiones de capacitación laboral. Las iglesias más conservadores tienden a ofrecer servicios más directos, mientras que iglesias más liberales muchas veces también se involucran en apoyar a los latinos al tratar con las estructuras sociales o legales. En este tipo de esfuerzo la latina es recipiente del esfuerzo. Se asume que por su situación socioeconómica tiene muchas necesidades y de que no está en condiciones de hacerse responsable de suplirlas.

Cultos religiosos—Es común ver que iglesias que han comenzado algún tipo de ministerio entre latinos también incluyan cultos religiosos en español. En cierto sentido es otro tipo de servicio a la comunidad. Muchas veces se asume que estos cultos serán "temporales" y sólo para aquellos que todavía no pueden participar en el culto en inglés, una especie de iglesia ESL (inglés como segundo idioma, por sus siglas en inglés). Pueden existir por muchos años, pero siempre están bajo la dirección de la iglesia principal y, por lo general, se asume que estos cultos nunca se desarrollarán en iglesias independientes. En algunas iglesias habría oposición si las personas que participan en el culto decidieran que quisieran formarse en iglesia.

Departamentos—Algunas iglesias toman un siguiente paso y dan un poco de autonomía para que se desarrollen grupos latinos bajo la dirección de una iglesia más grande. Estas congregaciones tienen cierto nivel de autonomía con relación a su trabajo interno. Sin embargo, la "iglesia madre" toma todas las decisiones principales, incluyendo asuntos de visión, misión y presupuesto. Algunas iglesias utilizan este modelo como un paso intermedio en el proceso de establecer una iglesia nueva. Otros lo utilizan asumiendo que nunca se va a poder establecer una congregación latina auto-suficiente dadas la circunstancias particulares de la comunidad. También existen iglesias que lo utilizan porque están persuadidos de que no se debiera establecer una congregación latina independiente.

Congregaciones hermanas—Este tipo de modelo da más autonomía al mismo tiempo que mantiene ligas orgánicas entre la nueva congregación latina y la iglesia principal que le dio vida. Por lo general esto significa que la congregación latina tiene mucho control de lo que hace. Sin embargo, mantiene conexiones estructurales, uso de edificio, personalidad legal, proyectos de ministerio y misión u otros tipos de ligas con la iglesia que le dio vida. Este modelo de ministerio por lo general se llama iglesia multi-congregacional.

Iglesias hijas—Algunas iglesias comienzan ministerios entre la comunidad latina con la expectativa de que éstas van a crecer y van a hacerse responsables de su propio ministerio y liderazgo. En otros casos, se comienza dando servicios y se va desarrollando paso a paso hacia esta última etapa. En esta perspectiva, la meta es desarrollar nuevas iglesias que podrán tomar pleno liderazgo con relación a su propio futuro. Cuando funciona este modelo el resultado es una nueva iglesia que puede ponerse a lado de la "iglesia madre" y contarse como otra congregación responsable en su denominación o movimiento.

El cuadro #2 demuestra que al moverse de izquierda a derecha crece la autonomía en liderazgo, finanzas y visión. En algunos casos esto puede ser un proceso evolutivo. Pero en otros tiene que ver con las premisas que se hacen sobre la comunidad latina y su lugar como objeto o sujeto de misión. Cuanto más se vea al latino como pueblo "necesitado" cuanto más existe la tendencia de hacer ministerio hacia el lado izquierdo del cuadro. Cuanto más se asume que la latina debe ser, o puede llegar a ser, sujeta de su proyecto de misión, cuanto más se mueve hacia la derecha de este cuadro.

Otro factor importante en este proceso tiene que ver con la visión social y política que se tenga de la comunidad latina en el contexto que se está haciendo misión. Si se asume que la comunidad es "transitoria" y próxima a asimilarse y desaparecer como comunidad distintiva o a perder interés en tener su propia iglesia, entonces la tendencia es de hacer misión utilizando modelos que van hacia la izquierda del cuadro número dos. Cuanto más se asume que los latinos son una comunidad distintiva con un futuro distintivo, cuanto más se tiende a buscar ir hacia la derecha de esta escala.

Tensiones al ministrar

Tal como ya se ha insinuado en secciones anteriores, un factor muy importante en el ministerio entre latinos tiene que ver con la visión social que se tiene del latino en los Estados Unidos. Si se tiene una visión de que los latinos se están asimilando estructuralmente, o de que debieran hacerlo, entonces la tendencia es a desarrollar proyectos en los cuales los latinos no toman un papel protagónico o que nunca van a desarrollar instituciones específicamente "latinas". Muchas iglesias comienzan ministerios entre los latinos desde la premisa de que nunca "debieran" ser independientes de la congregación principal.

Esto se complica al hablar de las "segundas" generaciones. Algunos ministerios asumen que los hijos e hijas se van a americanizar así que no desarrollan ministerios específicos para ellos, sino que los "unen" con los niños de la iglesia principal. La actitud subconsciente parece ser que si comienzan un ministerio en español "los hijos serán nuestros." En este modelo la iglesia latina parece limitarse al proyecto ESL, pero extendido por una generación.

Este tipo de mentalidad "temporal" muchas veces crea situaciones de dependencia o co-dependencia. Siendo que nadie espera que la congregación latina llegue a hacerse completamente responsable de sí misma, se desarrolla una relación de dependencia. Los latinos no ven la necesidad de hacerse responsables y la congregación principal asume que los latinos no se pueden hacer responsables. Los supuestos mutuos se "verifican" mutuamente hasta crear una situación de co-dependencia en la cual cada grupo llega a culpar al otro de ser la causa del "problema".

> Lo más difícil para mi persona es la necesidad de siempre estar explicándome. Es cansado tener que dar explicación y narración a la manera que nosotros trabajamos.
>
> —*Danny Martínez*

Esto se complica por causa de las diferencias entre los grupos latinos. Muchas veces una congregación con buenas intenciones busca a un líder latino para ministrar en la comunidad. Pero no siempre entienden las diferencias en la comunidad y consiguen a una persona que no cabe, no sabe caber, o no desea caber, entre los sub-grupos latinos de la comunidad. En ocasiones la pastora se puede relacionar muy bien con la congregación principal y es bien recibida por ellos, pero le cuesta trabajar con la comunidad latina específica. Algunos concluyen que los latinos no les interesa apoyar una iglesia cuando el problema en verdad es intercultural entre las sub-culturas latinas.

Las intenciones misionales de las iglesias de la cultura mayoritaria se hacen más complejas porque los latinos tampoco tenemos una visión común del tipo de iglesia o ministerio del cual queremos ser parte. Existe un número creciente de latinos que asisten a iglesias no latinas y sus razones son muy variadas. Algunos lo hacen porque se sienten más a gusto en un contexto cultural mayoritario. Otros porque quieren conectarse con la cultura mayoritaria (latinos marginales, asimilados o que están huyendo).

Pero otros tienen razones mucho más complejas. Existen latinas que tienen una fuerte identidad latina en muchas áreas de su vida, pero no en lo religioso. Otros están persuadidos de que la cultura mayoritaria "hace iglesia" mejor que los latinos, siendo que tiene más recursos y pastores más reconocidos. Desde esta perspectiva la iglesia latina sólo es para los que no se pueden aprovechar de lo "mejor". Muchos otros quieren expresar su fe en un contexto intencionalmente multicultural, uno que refleje la manera en que viven sus vidas. También existe el hecho de que algunos latinos van a una iglesia de la cultura mayoritaria porque fue por medio de esa congregación que encontraron vida espiritual. Nuestras propias diferencias y motivaciones son una parte indispensable del proceso de hacer misión dentro de la comunidad. Toda esta variedad de respuestas latinas complica la planificación que pueda hacer una iglesia o denominación estadounidense que desee trabajar dentro de la comunidad.

Cuestiones suscitadas por el ministerio evangélico entre latinos

El ministerio evangélico en la comunidad latina nos llama a hacer preguntas sobre nuestra identidad, las relaciones de los evangélicos con otros grupos religiosos en la comunidad y las maneras que entendemos nuestro compromiso de misión. Varias de estas preguntas no tienen respuesta clara, sino que son preguntas que son parte del ambiente en que hacemos el ministerio.

Protestantes y latinos en los Estados Unidos

Términos que nos identifican–
"Evangélico" o "Evangelical"

Los latinos, y los inmigrantes latinoamericanos, nos encontramos siempre entre el inglés y el español al ministrar y aun al identificarnos. Para muchos de nosotros el término evangélico ha sido amplio incluyendo a todos o casi todos los protestantes. Pero muchos en los Estados Unidos utilizan evangélico como sinónimo de *Evangelical* (del inglés). Siendo que el término *Evangelical* define a un movimiento específico en los Estados Unidos, es mucho más limitado que el uso tradicional de evangélico en idioma español. Por causa de nuestras historias particulares aquí y en América Latina, las categorías de las iglesias mayoritarias en los Estados Unidos no siempre describen adecuadamente a las congregaciones latinas. La pregunta para nosotros es si nuestra historia o la historia protestante mayoritaria definirán los términos que nos describen. ¿Podremos seguir siendo evangélicos en el sentido latino y latinoamericano de la palabra o tendremos que adoptar las categorías del protestantismo estadounidense, *Evangelical*, pentecostal e iglesias históricas (*mainline*)?[18]

Iglesia, cultura, idioma e identidad

El problema de vocabulario nos deja con una pregunta más compleja para los que somos protestantes y latinos. ¿Qué es un evangélico latino? Tradicionalmente las iglesias protestantes han evangelizado y americanizado a los latinos, creyendo que las dos cosas eran importantes y que iban juntos, en cierto sentido. Hasta el día de hoy muchas iglesias protestantes ligan, directa o indirectamente, el evangelizar y el americanizar a la comunidad latina.

Para muchos el hacerse protestante tiende a ser una señal de asimilación cultural. Existen muchos latinos que ven el hacerse protestantes como parte del proceso de adaptación cultural a este país. Así que, algunos latinos no tienen interés en una identidad que etno-religiosa latina y protestante.

Por otro lado, las iglesias evangélicas latinas en los Estados Unidos han tenido un papel importante en fortalecer la cultura latina y el idioma español desde que se formó la primera congregación evangélica latina en la década de 1850. Muchos latinos nacidos o criados en los Estados Unidos han aprendido a leer y escribir en español por causa de su participación en iglesias latinas. Son varias las generaciones de latinos para los cuales la iglesia ha sido una institución clave en su formación cultural latina. Las iglesias protestantes latinas son parte del proceso de la formación de identidad entre latinos. Esto nos obliga a hacernos la pregunta: ¿Qué identidad queremos o debemos fomentar?

Iglesias evangélicas latinas como realidades multiculturales

La persona que ve a los latinos desde afuera muchas veces piensa que somos un grupo mono-cultural. Pero ya vimos en el primer capítulo que la comunidad latina en verdad es una serie de comunidades. Esto significa que la mayoría de iglesias latinas son multiculturales. Tienen gente de varios diferentes países, personas con diferentes tipos de experiencias en los Estados Unidos, variados trasfondos étnicos y aun diferentes idiomas (no sólo español o inglés). Cualquier pastora latina tiene que tomar en cuenta esta diversidad si desea ministrar eficazmente.

> La migración ha provisto un nuevo campo para la siega que continúa creciendo día a día. Esto requiere el desarrollo de una competencia cultural que nos permita un mejor entendimiento de las diferencias.
>
> —*José García*

Esto se complica por las relaciones interculturales que se viven en este país. Nos toca trabajar a lado de personas de otros grupos minoritarios y de la cultura mayoritaria. Nuestros hijos e hijas se están casando con personas de otras culturas y etnias y también estamos compartiendo las buenas nuevas del evangelio con personas de varias culturas. Esto significa que nuestras iglesias se hace cada día más multiculturales. Esto crea tanto tensión como oportunidad para ministrar en nuestras comunidades.

Protestantes y latinos en los Estados Unidos

Relaciones entre protestantes y católicos[19]

Uno de los problemas grandes en el ministerio protestante latino tiene que ver con las relaciones entre protestantes y católicos. Históricamente la mayoría de evangélicos tienen un trasfondo católico. El testimonio casi uniforme de los que dejaron la Iglesia Católica es que no encontraron vida espiritual en el catolicismo. Esta perspectiva es compartida hasta en nuestra himnología.

Para muchos católicos la evangelización protestante es vista como proselitismo, aunque la gran mayoría de los que se unen a iglesias protestantes son personas que tenían una relación muy marginal con la Iglesia Católica. La tensión en América Latina y en el mundo de habla hispana de los Estados Unidos ha sido una en que los protestantes han sido una minoría en ocasiones marginalizada, y aun perseguida, por su compromiso religioso. Hasta el día de hoy el papa llama a los evangélicos de América Latina sectas, perspectiva compartida por muchos de los obispos y cardenales del continente.[20]

Muchos inmigrantes latinoamericanos llegan a los Estados Unidos y ven que, por lo general, la relación entre católicos y protestantes es mucho más positiva

Hay una senda

Las amistades y todos mis parientes
Fueron las gentes que yo relacioné
Me aborrecieron por causa de su nombre
Cuando supieron que a Cristo me entregué.

Ya aquel camino de tantos sufrimientos
Aquel camino que el cielo me trazó
Fue transformado en aquel feliz momento
Cuando mi Cristo al cielo me llamó

El mayor reto, es el como trabajar con católicos, sin alienarles totalmente de su cultura propia. Sabemos que la cultura latina tiene mucha influencia de la religión católica, tales como las posadas, el día de los muertos y la virgen de Guadalupe, cosas que al mismo tiempo son culturales. Como protestantes o evangélicos completamente queremos que los recién convertidos tiren por la ventana sus tradiciones cultural-religiosas, de esta forma los alienamos de sus costumbres y de la sociedad (relaciones con el resto de la familia que no se convierten).

—*Fernando Santillana*

35

que en América Latina y eso crea tensiones entre ellos y los líderes protestantes de la cultura mayoritaria. Ellos traen sus experiencias y sus testimonios y no entienden porque muchas iglesias protestantes anglas tienen relaciones positivas con los católicos. Muchos también notan una diferencia entre las prácticas de los católicos latinos y los católicos de habla inglesa.

Muchas de las tensiones históricas entre católicos y protestantes en América Latina están desapareciendo. Pero las diferencias teológicas siguen. Y la vitalidad espiritual de las iglesias evangélicas es atractiva a muchas personas de trasfondo católico, pero que no tienen mayores ligas con la iglesia. Por otro lado, las necesidades de nuestra comunidad hacen necesario que católicos y protestantes trabajemos juntos para responder a las necesidades socio-económicas y políticas de nuestra comunidad. Todo esto implica la necesidad de repensar las relaciones entre evangélicos y católicos latinos.

Otras expresiones religiosas

Dentro de la comunidad latina también hay otros grupos religiosos. Y siendo que vivimos en medio de un "supermercado" de opciones religiosas, podemos anticipar que algunos miembros de la comunidad latina serán atraídos a otros movimientos y religiones. Los movimientos religiosos de mayor influencia se pueden dividir en unas cinco categorías. Primero, están los movimientos que vienen de nuestros trasfondos históricos. Las religiosidades de trasfondo africano o indígena continúan teniendo influencia como movimientos separados o como influencia dentro de las maneras que muchos latinos expresan su fe cristiana. En segundo lugar existe presencia judía y musulmana entre los latinos y latinoamericanos. Estas comunidades son pequeñas, pero algunas tienen una historia larga dentro de nuestra realidad latina. El Islam también está atrayendo una nueva generación de feligreses entre los latinos en los Estados Unidos. Un tercer grupo, muy importante, son los movimientos como los Testigos de Jehová y los mormones. Nacen desde el cristianismo, aunque cuestionan algunos de los fundamentos básicos del cristianismo histórico. Estos dos grupos tienen muchos adeptos entre los latinos. También existen otros grupos similares en la comunidad. La cuarta categoría es de latinos que se están uniendo a otras expresiones religiosas, incluyendo religiones mundiales y religiones nuevas. Una última categoría que está creciendo es la de los latinos secularizados. Siempre ha habido latinos anti-religiosos, pero el crecimiento del secularismo es un fenómeno algo reciente en muchas partes de América Latina y entre latinos en los Estados Unidos, sin embargo, uno que está creciendo.

Esta diversidad religiosa crea un ambiente pastoral más complejo que el que se había conocido antes en la comunidad latina. Muchas veces se ve esta variedad en una misma familia. El reto pastoral latino es poder responder ante esta creciente variedad religiosa.

Vida y ministerio desde la periferia

Muchas de las iglesias latinas están localizadas en las periferias sociales. Están en los barrios pobres y en las pequeñas comunidades campesinas. Son muy pocas las iglesias que están en áreas de influencia social o económica. Y aun estas pocas muchas veces cuentan con una base financiera algo precaria. Combinado con esto está el hecho de que muchos de los latinos inmigrantes están en una situación legal precaria.

La realidad de pobreza y la situación legal insegura de muchos en la comunidad latina significa tener que buscar maneras creativas de ministrar con pocos recursos. Ministrar desde la periferia implica abrirle espacios y esperanza a personas que muchas veces están luchando con sobrevivir. Sin embargo, demanda liderazgo que entiende las realidades latinas y que pueda responder a dichas situaciones.

> Los latinos sabemos y hemos experimentado la migración, la pobreza y la discriminación. Nuestra comunidad debe de responder a su propia experiencia siendo una administradora del amor de Dios para el pobre y el que no puede valerse por sí mismo.
>
> —*Danny Martínez*

También demanda un compromiso a ministrar en medio de la pobreza y la dificultad.

Latinos como agentes de misión en los Estados Unidos y el mundo

Sin embargo, la misma realidad tentativa de muchas latinas y latinos parece abrir espacios y oportunidades de misión. Existe un número creciente de personas inmigrantes que están llevando su fe a cada lugar donde se establecen. No son misioneros en algún sentido formal o tradicional. Pero sí son personas con un claro sentido de misión. Dondequiera que van se ven a sí mismas como personas que Dios puede utilizar para compartir las buenas nuevas del evangelio. Siendo que no vienen de posiciones y países de poder no son vistos como una amenaza, ni como representantes de una cultura que se quiera imponer sobre ellos. Su movimiento presenta una oportunidad única de ministerio que todavía está por aprovecharse plenamente.

> Dios ha escogido al pueblo latino en estos últimos días para evangelizar al mundo. Prueba de esto es el crecimiento de la iglesia latina en los Estados Unidos y por toda América Latina.
>
> —*Sergio Navarrete*

Este mismo espíritu se está viendo en un número creciente de iglesias latinas. Al seguir creciendo el número de iglesias latinas se siguen abriendo una visión misionera entre los latinos estadounidenses. Este creciente compromiso está cambiando la relación históricamente dependiente entre las iglesias latinas y las iglesias de la cultura mayoritaria.

3

Recursos que trae la comunidad e iglesia latina

Históricamente el ministerio hacia la comunidad latina ha sido motivado u orientado por modelos de deficiencia. Los ministerios se han definido alrededor de las necesidades de la comunidad latina y como responder a ellas. En el siglo XIX los misioneros protestantes estaban seguros que los mexicanos conquistados no podrían participar en la sociedad estadounidense apenas que los misioneros los americanizaran. Muchos estadounidenses aceptaban una especie de darwinismo social en el cual se dudaba del valor de tratar de incorporar a personas que no fueran de "raza pura" europea a la ciudadanía estadounidense.

El día de hoy uno escucha a iglesias o líderes decir que no tiene sentido trabajar con los inmigrantes o que el ministerio entre ellos debe consistir básicamente en procesos de adaptación cultural. La solución propuesta por esta perspectiva es que el futuro de los latinos depende de soltar lo "latino" lo más pronto posible. Esta mentalidad se ve en los esfuerzos educativos que alientan a la joven latina a desligarse de su familia y costumbres para tener "éxito" en la sociedad estadounidense.[21]

Este tipo de perspectiva tiende a enfocar en las deficiencias de la comunidad y concluye que el futuro de la comunidad latina, si es que la hay, está en asimilarse lo más pronto posible y perder su identidad particular. La cultura latina distintiva es un lastre que les está limitando el futuro de los latinos y que le puede hacer daño a la sociedad estadounidense.

Es indispensable responder a las necesidades de la comunidad, sin embargo, ese proceso fácilmente se degenera a uno en que la latina es objeto de misión solamente y no se toma en cuenta las riquezas y fuerzas que trae la comunidad latina al trabajo pastoral. Queremos lidiar con esta tendencia por medio de enfocar en lo que ofrece la comunidad latina para el ministerio entre latinas y más allá.

Donde estamos hoy

El *Pew Research Center* ha patrocinado varios estudios importantes sobre los latinos y en particular sobre nuestras tendencias religiosas. Dos de los estudios más importantes en el área religiosa, "Hispanic Churches in American Public Life" (2003) y "*Changing Faiths—Latinos and the Transformation of American Religion*" (2007) nos describen una comunidad con fuerte identificación religiosa y una identidad religiosa ligada con la identidad latina.[22]

Tanto estudio del 2003 como el del 2007 describieron similares preferencias religiosas dentro de la comunidad latina. Según el segundo estudio 67.6% de los latinos son católicos y 19.6% protestantes. Otros grupos cristianos como los mormones y los Testigos de Jehová son el 2.7%, mientras que personas seculares o que no se identifican con ningún grupo cristiano en particular son el 7.8%. Los números son similares los del estudio del 2003, aunque no cuadran exactamente, en parte porque las preguntas hechas en los dos estudios no eran exactamente las mismas.

Según el estudio de 2007:

- Los latinos serán un porcentaje creciente de la Iglesia Católica. Más de un tercio de todos los católicos en los Estados Unidos el día de hoy son latinos y ese porcentaje seguirá creciendo.

- Existe una tendencia generacional hacia hacerse protestantes. Es más alto el porcentaje de protestantes entre latinos que tiene tres o cuatro generaciones en los Estados Unidos que entre los inmigrantes.

- Existen diferencias religiosas marcadas entre los diferentes grupos latinos. Por ejemplo, personas de trasfondo mexicano tienden a ser más católicas (74%), mientras que menos de la mitad de los puertorriqueños se identifican como católicos (49%) y el 14% de los de trasfondo cubano se identifican como seculares.

- Parece que existe una relación entre la identidad religiosa y la identidad étnica dentro de la comunidad latina. Según el estudio la gran mayoría de latinos asisten a iglesias que tienen tres características claves: tienen pastores o sacerdotes latinos, ofrecen cultos en español y tienen una mayoría latina en la congregación. Esta tendencia parece ser importante no sólo para los inmigrantes, sino también entre latinas nacidas en los Estados Unidos.

Existen otros estudios que están analizando diferentes aspectos de la religiosidad latina. En particular se comienzan a estudiar las diferencias entre las expresiones religiosas latinas y las de la cultura mayoritaria en los Estados Unidos. Los estudios patrocinados por Pew han analizado a los latinos por medio de los lentes de la religiosidad estadounidense. Existen varias diferencias importantes entre los latinos y la comunidad mayoritaria cuyas implicaciones todavía están por aclararse:

- Muchos católicos latinos tienen una fuerte devoción religiosa popular. Pero ese compromiso no se puede medir, necesariamente, por su participación en los cultos oficiales de la Iglesia Católica. Existe gente católica latina muy devota, pero que no participa mucho en las estructuras formales de la Iglesia Católica.

- Existen otras expresiones de religiosidad popular como las de trasfondo afro-caribeño o indígenas en la comunidad latina. Muchas de estas expresiones cruzan líneas religiosas y aún se practican entre personas que se llaman seculares.

- La experiencia religiosa latina incluye elementos latinoamericanos y estadounidenses. Las categorías religiosas estadounidenses no siempre cuadran con las latinas. Por ejemplo, como ya hemos dicho, para muchos latinos protestantes la palabra evangélico en español no es sinónima de *evangelical* en inglés.[23] Por el lado católico, es importante reconocer que el movimiento carismático católico latino tiene influencias latinoamericanas y españolas. No es completamente igual a los movimientos carismáticos estadounidenses.
- Existe mucho movimiento religioso y opciones religiosas múltiples en la comunidad latina. Hay personas con múltiples y cambiantes identidades religiosas que no se pueden fácilmente definir utilizando categorías exclusivas.

Sin embargo, los estudios de Pew y el creciente número de análisis de la religiosidad latina nos indican que los latinos no sólo son objetos de misión, sino que están transformando la dirección religiosa del país. La comunidad latina es una comunidad creciente con fuertes tendencias religiosas que se está haciendo agente de su propio futuro. Esta comunidad cuenta con muchos recursos para poder responder a los retos que tiene por delante.

Herramientas que traemos los latinos al ministerio

Al pensar en ministrar en la comunidad latina se necesita tomar en cuenta las necesidades que ya hemos mencionado anteriormente. Sin embargo, las culturas latinas en los Estados Unidos cuentan con muchas fuerzas a las cuales las iglesias pueden apelar a la hora de responder a las necesidades de la comunidad. Antes de comenzar a describir modelos y tipos de ministerios, algo que haremos en el siguiente capítulo, queremos describir algunas de las ventajas que tiene la comunidad a la hora de responder a sus propias necesidades.

Recursos que trae la comunidad e iglesia latina

Una fe viva en Dios

En los últimos años se han hecho varios estudios importantes que demuestran la fuerte religiosidad de la comunidad latina.[24] Lo que está claro es que la gran mayoría de latinos creemos en Dios como alguien que se hace presente en la vida diaria. Somos pueblos de fuerte devoción religiosa que se manifiesta en una búsqueda de Dios en la vida diaria (lo cotidiano) a través de la devoción, la oración, la participación en estudios bíblicos y en ser parte activa de iglesias. Esa fe en Dios es parte del marco que define la cultura latina. Difícilmente se puede describir a la comunidad latina sin tomar en cuenta la profundidad de la fe, la devoción religiosa y la expectativa de que Dios es parte de la realidad humana. Todo esto refleja una cosmovisión en que Dios y la presencia de seres espirituales son parte de la experiencia humaa.

El creer en la presencia activa de Dios en la realidad humana crea un ambiente de esperanza, aun en medio de circunstancias muy difíciles. Dicha esperanza hace posible desarrollar programas de apoyo y a unir a la comunidad para lidiar con sus necesidades. Existe una disposición a hacer sacrificios para responder a problemas complejos porque se tiene fe en la presencia de Dios a nuestro lado. Ese sentido de sacrificio y esperanza hace posible seguir aun cuando el proceso es lento y no se ven resultados inmediatos.

También es posible apelar a ciertas experiencias religiosas comunes, o a aspectos comunes, a la hora de ministrar dentro de la comunidad. Tenemos variedades de expresiones religiosas, pero la gran mayoría compartimos una cosmovisión religiosa y espiritual similar. Esto es muy diferente a la religiosidad más racional que es común en muchos países de occidente. Dios no es un concepto doctrinal, sino una relación y una experiencia de la vida cotidiana. Esa

> Para mí lo más positivo de trabajar en la comunidad latina es el entusiasmo que encuentro. Nuestra gente tiende a tener mucho entusiasmo, no importa lo difícil que le haya sido la vida. Particularmente los inmigrantes tienen mucho valor. De otras formas no habrían confrontado los riesgos de llegar acá.
>
> —*James Ortiz*

experiencia se vive en conjunto con otros en la vida de la iglesia o las devociones populares.

Esta fe en Dios se demuestra en la manera que se lee la Biblia. La Biblia nos habla y nos llama a escuchar a Dios. Esa lectura devocional y precrítica nos invita a leer la experiencia latina a la luz de la presencia divina. En medio de la pobreza y la marginalización se encuentra al Dios que me ofrece ser persona de valor, hija suya, en el poder del Espíritu Santo.[25]

Creer en Dios es también acercarse para adorarle desde lo profundo del ser. El culto evangélico es participativo, apasionado, multicultural, una fiesta en la cual se celebra a Dios. Esa adoración se puede llevar acabo en hogares o en lugares de culto muy sencillos, porque existe un sentir claro de la presencia de Dios en todo lugar donde se reúne su pueblo.

Ministerio donde está la gente

La gran mayoría de las iglesias latinas están localizadas allí donde vive la gente. Las pequeñas iglesias urbanas que alquilan locales en los barrios pobres y las iglesias latinas rurales están inmersas en la complejidad de la experiencia de la gente. Estas iglesias ya están ministrando en los márgenes y las periferias de la sociedad estadounidense. Allí es donde está mucha de la comunidad latina y es allí donde se necesita ministrar para tener un impacto a largo plazo.

Muchos líderes y congregaciones latinas no tienen conceptos fuertes de la justicia social, ni mayores herramientas para analizar y responder a las necesidades de la comunidad. Pero sí tienen claro las necesidades del pueblo y saben que tienen que responder. Estas congregaciones están ministrando a las necesidades reales de la comunidad porque son las necesidades de los mismos miembros de las iglesias o de sus familiares, allegados y vecinos. Es en medio de estas necesidades que la gente lee la Biblia y se da cuenta del amor de Dios que responde a su situación. Es allí en que la gente se da cuenta que Dios camina a su lado en medio del dolor y la dificultad.[26]

Recursos que trae la comunidad e iglesia latina

Es allí en la periferia donde las iglesias latinas pobres practican ayuda mutua y compromiso a los necesitados y desechados de la sociedad. Es allí donde se demuestra el amor de Dios por medio de personas concretas. Estas iglesias le dan espacio y liderazgo a personas marginalizadas y olvidadas por la sociedad que mide el éxito por criterios que estas personas nunca van a alcanzar

Estas iglesias también son un reto a la iglesia de la sociedad mayoritaria y al latino que ha logrado el "sueño americano". Nos llaman a reconocer que no podemos ayudar a la necesitada si no nos identificamos con ella y no vivimos donde vive. En la medida que podamos salir de los centros de poder al lugar donde están las iglesias latinas, podremos demostrar verdaderamente el amor divino. Las iglesias latinas ya están donde necesitamos estar todos los que queremos servir con los pobres y necesitados debemos estar.[27]

> Mi deseo es ver a cristianos re-establecerse en áreas urbanas donde nos hemos alejado de los necesitados—particularmente de las comunidades hispanas y afro-americanas. Por otro lado me gustaría ver a esos cristianos que ya viven en estas áreas a quedarse, no importa lo difícil que parezca. Es Cristo quien nos sostiene y mantiene nuestro destino. La iglesia que estaba en la ciudad y se ha ido buscando un ambiente mejor tal vez tenga que renovar sus votos hacia la comunidad y hacia los pobres.
>
> —*Manuel Ortiz*
> *Hispanic Challenge*

Modelos culturales flexibles

La mayoría de las culturas latinas han vivido en medio de un mestizaje cultural por siglos. Los españoles impusieron un mestizaje sobre los pueblos indígenas y los esclavos de África, pero los pueblos precolombinos ya habían experimentado varios tipos de mestizajes, voluntarios y forzados. Las nuevas migraciones hacia el mundo de habla hispana han ampliado las influencias culturales sobre las comunidades latinas. Aunque existe cierta "pureza" cultural y racial entre la gente de las clases altas y mucho racismo contra los indígenas y las personas de trasfondo africano, la mayoría de los latinos en este país somos mestizos o mulatos, sabemos que nacimos y hemos sido formados en medio de muchas influencias culturales y étnicas. Algunos somos tentados a apelar a cierta "pureza" racial, pero la gran mayoría sabemos que somos hijas e hijos de múltiples encuentros entre diferentes pueblos y etnias.

Este mestizaje cultural se refleja en una flexibilidad y adaptación cultural dentro de la comunidad. Los encuentros entre varios pueblos latinos aquí en los Estados Unidos han creado nuevos mestizajes, pero también han requerido el uso de esa flexibilidad cultural. Las iglesias latinas en casi todos los centros urbanos y en muchas áreas rurales son multiculturales. Nuestras experiencias de mestizaje han sido indispensables al experimentar nuevos encuentros culturales, aun dentro de la comunidad latina. La iglesia latina común y corriente incluye personas de varios países latinoamericanos, personas nacidas en los Estados Unidos, alguno de algún grupo minoritario en América Latina y alguna persona no latina que se ha casado con alguna de la congregación.

Esa flexibilidad cultural también es una herramienta muy útil al encontrarnos con personas de muchas diferentes culturas. Los retos de las relaciones interculturales se suavizan porque ya tenemos experiencia y patrones de relaciones con personas de otras culturas. Enfrentamos tensiones raciales y étnicas en este país, pero también contamos con las herramientas para crear nuevos tipos de puentes entre los diferentes pueblos en los Estados Unidos.

Nuestros mestizajes también nos han dado un marco para reflexionar sobre nuestra relación con Dios y el mover de Dios en el mundo. Nuestras experiencias como mestizos nos dan otras maneras de leer la Biblia y de percibir el obrar de Dios en el mundo.[28] Al no poder reclamar una "pureza" racial, nos damos cuenta que nuestra dignidad viene por ser hijas e hijos de Dios y no por algún mérito o privilegio humano. Esto nos abre la puerta para poder ministrar con más libertad entre otros pueblos en nuestro medio.

> Dios trabaja incansablemente *reconciliando y renovando* los espacios culturales que destruyen y oprimen a su creación. En fin, la cultura natal es un regalo divino y la cultura adquirida es una oportunidad de enriquecernos y desarrollarnos sin despreciar lo heredado.
>
> —*Oscar & Karla García*

Recursos que trae la comunidad e iglesia latina

La experiencia latina y nuestros encuentros en los Estados Unidos nos dan herramientas particularmente necesarias para la iglesia en este país. Urgen modelos de vida eclesial intercultural en los cuales no se impone uniformidad, sino que se celebra la diversidad en medio de la unidad. Por ser un grupo que ya vivimos las relaciones interculturales, pero desde abajo, tenemos la posibilidad de ofrecer nuevos modelos de lo que significa celebrar unidad y diversidad en la vida de la iglesia estadounidense.

Disposición a trabajar arduamente

La comunidad latina está contribuyendo mucho a la economía estadounidense. Nuestra gente está haciendo los trabajos más difíciles y arduos de la economía nacional. Son los latinos los que trabajan en el campo, los que construyen nuestras casas, las que limpian las oficinas, los hoteles y las casas de la gente pudiente y los que cocinan y limpian en los restaurantes. La contribución latina al bienestar económico nacional sigue creciendo.[29]

La mayoría de latinos trabaja arduamente esperanzada de poder mejorar su situación económica y de poder ayudar a su familia aquí y en sus países de origen, si son inmigrantes. Sueñan de un futuro mejor y están haciendo grandes sacrificios para hacer de ese sueño una realidad. Aun los sacrificios económicos y peligros físicos que confronta el indocumentado que llega a este país, son un reflejo de la disposición a hacer todo lo posible por mejorar su situación, no importa lo difícil que sea.

Esta misma disposición se demuestra en muchas iglesias evangélicas latinas. Muchas de las congregaciones tienen una base económica limitada. Pero avanzan porque cuentan con personas dispuestas a hacer este mismo tipo de sacrificio a favor de las iglesias donde han encontrado vida y apoyo. También se encuentran muchos pastores y pastoras bi-vocacionales en la comunidad. Muchas de estas personas hacen grandes sacrificios porque creen en lo que están haciendo y que Dios les va a bendecir por su sacrificio. Este tipo de disposición hace posible establecer y mantener congregaciones latinas entre personas con pocos recursos económicos y educativos.

Como se mencionó anteriormente, esta disposición tiende a estar más marcada entre iglesias y movimientos que tienen pocas ligas con denominaciones estadounidenses. La oportunidad de tomar responsabilidad abre el espacio para que personas se hagan sujetos de su propio futuro eclesial.

Familia y comunidad

Tradicionalmente el concepto latino de familia ha sido más amplio que la familia nuclear que sirve como definición común de familia en Estados Unidos. Familia incluye a abuelas, tíos, primas y sobrinos. También incluye a las personas que se han hecho parte por matrimonio. Pero el concepto va más allá para incluir a personas cuya relación con la familia no se podría definir con "exactitud." Para mucha gente también incluye a las personas que son de "mi pueblo" o "mi colonia". Todas estas personas son parte de "la familia".

Familia cobra más importancia porque define parte de una identidad más colectiva dentro de la comunidad. Como miembro de esta familia tengo responsabilidad hacia todos sus miembros, incluyendo aquellos con los cuales no existe buena relación. También puedo contar con el apoyo de la familia, aun cuando la situación sea difícil.

Una de las motivaciones más importantes para la migración hacia los Estados Unidos es la familia. Algunos vienen para poder mejorar la situación económica de sus familias en sus países de origen. Otros traen a sus familias porque sueñan algo mejor para sus hijos. Al llegar a este país muchas personas buscan a sus familiares, sabiendo que de alguna forma les van a ayudar, aunque sea de mala gana.

La familia latina también ha sido base de sostén socioeconómico en situaciones difíciles. Aun en medio de la pobreza muchas familias han podido mantener cierto cuidado mutuo porque han estado dispuestos a ayudarse. Son legión los ejemplos de familias pobres que viven "mejor" que lo que pareciera indicar su ingreso económico porque la familia extendida se apoya mutuamente.

Por supuesto, se necesita evitar el peligro de idealizar a la familia latina. El machismo y la violencia familiar son realidades penosas en la familia latina y la iglesia necesita confrontar estos males de la realidad latina. No podemos seguir tapando estos problemas en nombre del "bienestar" familiar.

Sin embargo, la familia ha sido de mucho apoyo en medio de la pobreza y necesidad. Muchas personas se han visto apoyados por sus familias y ha podido salir adelante porque han tenido una base de seguridad en la familia. Aun en medio de la descomposición familiar que se ve en la comunidad latina, todavía existe este concepto que puede servir para ministrar dentro de la comunidad.

Las iglesias latinas pueden fortalecer las ligas sociales en las comunidades latinas por medio de fortalecer a la familia y apelar al concepto tradicional latino de familia. La sociedad estadounidense empuja hacia el individualismo, en la que el compromiso con la familia muchas veces es visto como lastre. Sin embargo, nuestros jóvenes y los débiles en nuestra comunidad necesitan el apoyo de la familia extendida (como también los que están seguros de que pueden funcionar bien sin tener cerca a la familia). La familia latina ofrece la oportunidad de proveerle raíces e identidad a los jóvenes, un contenedor en el cual se pueden desarrollar para luego abrir alas para participar en la sociedad estadounidense.

> Dios es un amante de todos pero veo que la comunidad latina tiene raíces muy profundas en cuanto la familia y podemos ser nosotros un gran ejemplo para la iglesia en lo que es ser una familia de Dios, demostrar y enseñar lo que es ser padres e hijos. Es parte de nuestro ADN y creo que como es parte de nuestro ADN podemos ser un tremendo modelo a la Iglesia en general.
>
> —*Adelita Garza*

Urge traducir el concepto latino de la familia a la realidad estadounidense pos-moderna para aprovechar esta riqueza cultural latina. Este concepto tradicional tiene mucho que ofrecer en medio de una sociedad que está en medio de tanto cambio e inseguridad.

Unas imágenes bíblicas que se ligan muy bien con el ideal familiar latino, son la iglesia como familia de Dios y como comunidad. En medio de los cambios sociales rápidos y la desubicación de la migración y el movimiento, la iglesia como familia y comunidad puede proveer apoyo y sostén a personas se encuentran lejos de sus familias de sangre. La mayoría de las iglesias latinas son relativamente pequeñas. Pero ese tamaño se presta para utilizar el modelo neotestamentario de congregación-familia en la comunidad latina hoy.

Podríamos mencionar otras fortalezas que vienen de nuestras experiencias culturales particulares. Estas nos han ayudado a seguir y prosperar en medio de situaciones adversas a través de los siglos. Al acercarse al ministerio dentro de la comunidad latina, es indispensable apelar a estas. Esto ayudará a que no se enfoque en las deficiencias, sino que latinas y latinos puedan ser sujetos de la misión de Dios en la comunidad latina y más allá.

4

Lo que están haciendo las iglesias latinas

Las iglesias evangélicas latinas están creciendo. No hay número exactos, pero se reporta crecimiento en todo tipo de iglesia evangélica latina, aunque el crecimiento más rápido se ve en iglesias de corte pentecostal o carismático. También está creciendo el número de latinas que asisten a iglesias que no son específicamente latinas. La creciente diversificación de la comunidad está retando a las iglesias a seguir ampliando sus conceptos y estilos de ministerio. Todo parece indicar que las iglesias latinas seguirán creciendo, pero también que tendrán que seguir diversificándose para continuar respondiendo ante la complejidad que representa la comunidad latina.

Diversidad y sus crecientes implicaciones

En el primer capítulo se presentó un cuadro (#1) para explicar las diferencias entre latinas con relación a la identificación con la cultura latina y con la cultura mayoritaria en los Estados Unidos. Si tomamos en cuenta ese cuadro y consideramos los tipos de iglesias protestantes que están ministrando en la comunidad latina podemos dividir el ministerio a la comunidad latina en tres grandes categorías. Estas categorías no son fijas, más bien reflejan, en forma general, los tipos de iglesias y ministerios que están trabajando entre latinas.

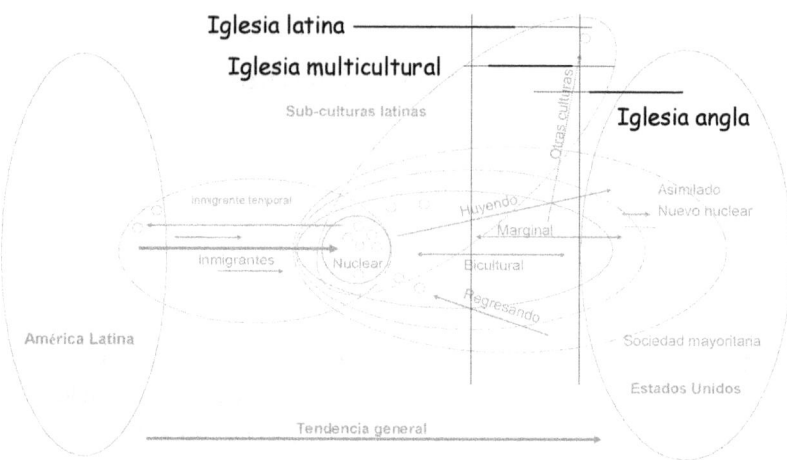

Cuadro #3
Tipos de ministerios entre latinos hoy

Las iglesias con un enfoque claramente latino están ministrando con más eficacia entre personas que tiene una fuerte identificación cultural con la comunidad latina. Este tipo de iglesia tiene muy buen ministerio entre personas que viven en barrios o comunidades altamente latinas. La mayoría de este tipo de congregaciones ministra entre personas que hablan español, aunque también se encuentran iglesias de este tipo ministrando en inglés o en forma bilingüe, como también Spanglish o Tex-Mex. También ministran eficazmente entre latinas biculturales y con personas que se están identificando de nuevo con sus raíces latinas. Otro grupo que se encuentra en estas iglesias son latinos que se criaron en iglesias evangélicas latinas y que les gusta un culto en español o con saber latino, aunque en otros aspectos viven como la cultural mayoritaria. Como es de sospecharse una iglesia que se identifica como latina por lo general tiene muy poco impacto entre personas que tienen poca identificación con la cultura latina.

Del otro extremo nos encontramos con iglesias claramente identificadas con la cultura mayoritaria. Estas están atrayendo a latinos asimilados a la cultura mayoritaria, a latinos marginales y a personas que están huyendo de la cultura latina. Algunas latinas también están siendo atraídas a las mega-iglesias con sabor cultural mayoritario al igual que muchas personas en la sociedad estadounidense. Lo atractivo de estas iglesias es el ministerio o el predicador. Por lo general los latinos juegan un papel muy mínimo en estas iglesias. Una iglesia con fuerte identificación cultural mayoritaria por lo general es poco atractiva a personas con fuerte identificación cultural latina.

Entre estos dos extremos del latino nuclear y el latino asimilado está un gran porcentaje de la comunidad latina que de alguna manera tiene una identidad policéntrica. Muchas de estas personas buscan celebrar la diversidad que viven de día a día. Aunque el número de iglesias intencionalmente multiculturales es relativamente pequeño, congregaciones de este tipo, están teniendo impacto entre este tipo de latino. Algunas de estas iglesias son multiculturales dentro de la diversidad del mundo de habla hispana, pero la gran mayoría están ministrando a la diversidad multicultural más amplia de los Estados Unidos.

La gran mayoría de iglesias ministran dentro de una de estas mega categorías. Pero también existen un número creciente de iglesias que están desarrollando una variedad de ministerios para responder a esta variedad de realidades culturales. Dentro de la comunidad latina se ve un número creciente de iglesias que intencionalmente están ministrando dentro de la comunidad latina, mientras también están desarrollando un ministerio que incluye a personas de otros trasfondos étnicos. Están tratando de ministrar dentro de esta diversidad y al mismo tiempo trabajar hacia una unidad multicultural y multiétnica de la iglesia que no impulsa hacia la uniformidad.

Este dibujo refuerza lo que ya hemos dicho en otras partes del libro. No existe una sola comunidad latina, culturalmente hablando, ni una sola experiencia latina que nos defina a todas las latinas estadounidenses. Quien ministre en la comunidad latina tendrá que entender la gran variedad de experiencias culturales y sociales que representa la comunidad latina. Y estas diferencias se dan dentro de la misma familia latina, así que no se puede huir de, ni ignorar, esta realidad.[30]

Este dibujo también ilustra tres realidades importantes al ministrar en la comunidad latina. En primer lugar, se puede anticipar que la comunidad latina se seguirá diversificando al seguir creciendo. Los latinos, tanto los nacidos en este país como los inmigrantes que seguirán viniendo, estamos respondiendo de diferentes formas a nuestra participación en la sociedad estadounidense y esa diversidad se hará más latente al seguir creciendo la comunidad. Segundo, el crecimiento de la comunidad latina implica que se necesitará seguir estableciendo nuevas iglesias latinas y ministerios con enfoque latino para responder a la creciente población latina. La tercera realidad es que será necesario desarrollar nuevos modelos de trabajo y ministerio que tomen en cuenta la realidad policéntrica de un gran porcentaje de la comunidad latina. Así como no hay una sola definición cultural que se aplique a todos los latinos, tampoco habrá un solo tipo de ministerio que podrá tener impacto entre toda la diversidad latina.

El estudio de Pew que se citó en el capítulo anterior (*Changing Faiths: Latinos and the Transformation of American Religión*) parece indicar que la gran mayoría de latinos que participan en iglesias prefieren estar en congregaciones que tienen tres características: cultos en español, pastores latinos y una fuerte presencia latina entre los feligreses. Esta tendencia es mucho más fuerte entre latinos que viven en áreas de alta concentración poblacional latina. Pero este fenómeno también se vio entre latinas que viven en áreas de poca concentración latina y entre personas de tercera o cuarta generación y latinos que hablan inglés como idioma principal. Esto pareciera indicar que la mayoría de los latinos que van a la iglesia desean participar en un ambiente en que se tome en serio la cultura latina, de alguna forma u otra.

Siendo que la comunidad latina es una comunidad policéntrica y en movimiento esta situación podría cambiar en el futuro. Pero en este momento es claro que son necesarias un número creciente de iglesias latinas e iglesias con un fuerte enfoque latino. Eso implica seguir haciendo el tipo de ministerio que ya se está haciendo, pero también seguir desarrollando nuevos modelos de ministerio en la comunidad, modelos que tomen en cuenta la importancia de la iglesia como ente misional que se desarrolla en contextos culturales concretos.

Iglesias latinas en la comunidad

Desde que se estableció la primera congregación latina evangélica en el centro de Nuevo México en la década de 1850 se ha visto un crecimiento en el número de iglesias latinas en los Estados Unidos. Se siguen estableciendo iglesias nuevas y la nueva ola migratoria latina a través de los Estados Unidos ha llevado nuevas iglesias evangélicas latinas a partes del país donde nunca se habían visto iglesias latinas antes. También se ven iglesias nuevas en áreas donde la comunidad latina ha existido por mucho tiempo. En el sur de California existen miles de iglesias latinas y el número sigue creciendo.

Existen iglesias latinas entre muchas de las denominaciones estadounidenses y en todos los rincones del país. La mayoría de las iglesias latinas son pequeñas con menos de cien miembros activos. Pero también existen iglesias latinas en los grandes centros urbanos con miles de miembros. Como ya mencionamos anteriormente, las iglesias que más están creciendo son de corte pentecostal o iglesias pentecostalizadas. Las denominaciones estadounidenses están estableciendo nuevas iglesias latinas, pero también está creciendo el número de iglesias latinas que son parte de movimientos o denominaciones latinas o latinoamericanas. Y, también existe un número creciente de iglesias independientes.

Las iglesias evangélicas latinas tienen muchas diferencias entre ellas, reflejando las múltiples diferencias dentro de la comunidad latina. Pero también hay ciertas características que tienden a ser comunes a la gran mayoría de estas iglesias. Estas tienen que ver con la gente a quien se ministra, los lugares donde se ministra, el liderazgo de dichas iglesias, el ambiente que se vive y la religiosidad que se practica.

Iglesias en movimiento

Las iglesias evangélicas latinas reflejan a sus miembros y a las personas entre las cuales ministran. Los latinos en los Estados Unidos son un pueblo en movimiento. Muchos latinos llegaron como inmigrantes de otro país, pero también son muchos los latinos se siguen moviendo a través del país. Tanto latinos nacidos en este país como personas recién llegadas se están moviendo buscando mejores oportunidades de trabajo, vivienda o educación. Los jóvenes se mueven para abrirse nuevas oportunidades. Muchas iglesias tienen que desarrollar sus programas y proyectos sobre la premisa de que su gente se irá después de algún tiempo y que gente nueva vendrá a tomar su lugar. Muchas iglesias latinas se sienten tan tentativas como sus miembros. Alquilan locales en medio de las zonas urbanas. Utilizan los edificios de otras iglesias cuando éstas no los están usando. Algunas se tienen que mover cada vez que el dueño del edificio quiere subir el alquilar o que la iglesia que les ha alquilado decide cambiar su enfoque ministerial. Sin embargo, estas iglesias están donde está la comunidad latina. Viven la experiencia peregrina y

> Cuando llegan tiempos más prósperos para ciertos miembros de la congregación, éstos tienden a moverse a zonas más florecientes, dejando vacíos de liderazgo y apoyo económico dentro de la congregación. Los que ministran en vecindarios de transición generalmente se resignan a la realidad de tener iglesias con membresía en flux y se encuentran en la penosa tarea de tener que explicarle a la diócesis año tras año el porqué la membresía no es estable y cómo esto afecta la autosuficiencia de la parroquia.
>
> —*Sofía Herrera*

exiliada de la comunidad. Están en movimiento porque esa es la realidad del pueblo.

Pero es ese movimiento el que también está sirviendo como el ímpetu para el establecimiento de iglesias latinas a través del país. A cualquier rincón donde se establecen latinos hay también creyentes que buscan establecer una congregación. En esos lugares también hay denominaciones y ministerios listos para apoyarles en la tarea. Así que el movimiento abre nuevas oportunidades de ministerio al mismo tiempo que dificulta el proceso de consolidar los ministerios ya existentes.

Iglesias marginales

La gran mayoría de las iglesias latinas están en los barrios, comunidades latinas y campos marginados. Siendo que muchos latinos viven en lugares marginales no es de sorprender que allí estén las congregaciones.

Estas iglesias también reflejan la marginalidad de la comunidad latina en muchas maneras. La mayoría de sus miembros tienden a ser personas marginalizadas por la sociedad. Hacen los trabajos de menos prestigio y muchas veces están en posiciones "invisibles." Su mano de obra es indispensable, pero su presencia es cuestionada, particularmente si son indocumentados o si la comunidad en general así los percibe. Por lo general tienen menos educación formal que la población mayoritaria y las escuelas en los sectores donde ellos viven tienden a tener muchas deficiencias. Por lo general estas comunidades también adolecen de otros servicios sociales básicos.

> Tenemos como visión levantar sicológica y espiritualmente al pueblo, dentro del hogar, dentro de su vecindario o barrio y dentro de su trabajo. Queremos levantarles a un nivel de entendimiento que uno ha sido puesto allí por Dios como líder.
>
> —*Jaime Tolle*

La percepción de marginalidad también se ve en las denominaciones de las cuales estas iglesias son parte. Por lo general las iglesias latinas son percibidas como pequeñas y débiles, dependientes de la estructura denominacional, sin poder hacer mayor contribución y la vida de las iglesias.

Pero es en la marginalidad donde está la gente necesitada y desde donde se le puede levantar. Muchas iglesias latinas son lugares donde personas marginadas encuentran esperanza y un espacio para desarrollarse. Reciben el poder divino para levantarse de situaciones destructivas. Pero también tienen la oportunidad de desarrollarse como personas. Pueden ser líderes aunque no se les dé mayor lugar en otros contextos. Aprenden que delante de Dios son personas de valor, aun cuando otros los desprecien. La iglesia latina también es un lugar donde la gente encuentra ayuda y apoyo, necesitados entre necesitados dispuestos a ayudarse unos a otros.

> Nuestra respuesta a las necesidades de la comunidad latina está enfocada en buscar usar todos los recursos que podamos para ayudar al menos favorecido.
>
> —Luis Hernández

Iglesias comunitarias

Ya se ha mencionado el concepto de la iglesia latina como familia o comunidad y se dirá más sobre este concepto en el último capítulo. Aquí cabe mencionar que las iglesias tienden a buscar ser una comunidad alterna en la cual existe un compromiso mutuo el uno hacia la otra. En la iglesia latina pequeña todos son parte y todos son necesarios. En muchas de las iglesias no hay un ministerio pastoral tiempo completo. Los líderes son personas bivocacionales que ministran desde un compromiso profundo, entre la gente con quien viven y trabajan. Siendo que muchas de las iglesias latinas son pequeñas, no sólo hay lugar para todas las personas, sino que todos son necesarios.

Estas iglesias también son comunitarias en el sentido de que atraen a su gente de alrededor de la iglesia y responden a las necesidades de su comunidad inmediata. Están en medio de la necesidad de su pueblo y ministran a esas necesidades.

Lo que están haciendo las iglesias latinas

Iglesias misionales

La mayoría de estas iglesias comunitarias tienen un fuerte impulso misionero. Dios se ha hecho presente en las vidas de los feligreses y ellos quieren invitar a otros a también disfrutar de esa presencia. Personas que tenían vicios destructivos o vidas destruidas experimentan el obrar maravilloso de Dios en sus vidas y quieren invitan a otros a recibir ese mismo don. Su experiencia personal de conversión crea un entusiasmo y sirve como motivación para cumplir con la misión divina. Esta disposición llega a ser indispensable para la sobre vivencia de comunidades en constante movimiento, que necesitan atraer miembros nuevos para reponer las personas que siguen en movimiento a otras latitudes. Las personas en movimiento desde otros lugares se unen a nuevas congregaciones o sirven de base para comenzar nuevas iglesias latinas en esos lugares nuevos a los cuales se están mudando los latinos.

> La comunidad latina encuentra al Cristo resucitado en la iglesia latina. Igualmente nos atrevemos a sugerir que la iglesia latina encuentra en la comunidad latina "al Cristo crucificado y desfigurado por el pecado y la opresión". La misión de Dios, entonces, se da en el acto de "acompañamiento, reconciliación y renovación" de la iglesia latina dentro de la comunidad latina.
>
> —*Oscar & Karla García*

Iglesias con líderes latinos

Las iglesias evangélicas latinas representan uno de los pocos espacios donde latinos y latinas han podido estar al frente de sus propias organizaciones en este país por más de un siglo. Casi todas las iglesias latinas tienen pastores y líderes latinos. Los pastores que no son latinos tienen fuerte compromiso con la comunidad latina y están capacitando a latinos a tomar liderazgo en esas congregaciones.

Este es un factor clave dentro de la comunidad latina. Es aquí donde latinos que tienen poca voz en otros contextos pueden desarrollar liderazgo y levantar una nueva generación de líderes.

Muchos líderes latinos han encontrado su voz y sus primeras oportunidades de liderazgo en la iglesia latina. Al ser un lugar donde se entienden las reglas culturales de toma de decisiones, permite la participación de personas que difícilmente podrían encontrar voz en otra iglesia. Pero también este ha sido un lugar en el cual la comunidad latina puede reflexionar sobre su propio futuro. Es en este espacio donde el futuro no está determinado por líderes no latinos.

Iglesias con espíritu latino

Un componente clave en la gran mayoría de iglesias latinas es la libertad de adorar a Dios a través de la cultura latina. Siendo iglesias multiculturales en medio de la realidad estadounidense estas iglesias reflejan el mestizaje de sus miembros. Reconocen que pueden acercarse a Dios por medio de su realidad latina vivida en los Estados Unidos. Los cultos en estas iglesias reflejan la latinidad, pero también la realidad de ser latinos en este país.

Ese enfoque latino le provee al inmigrante un lugar en el cual se siente seguro, proveyendo una liga con las experiencias de su país de origen. También es un espacio en que los que han nacido en este país desarrollan y mantienen las costumbres culturales y religiosas latinas. Las iglesias reflejan los múltiples mestizajes que viven las latinas en los Estados Unidos y son uno de los pocos lugares donde pueden expresan su fe en Dios en una manera que afirma su latinidad.

> Si la Iglesia es acogedora, amigable, amorosa, atraerá a los latinos que al encontrarse en un país diferente, pragmático, sin saber el idioma, sin vivienda segura, y con tantas otras inseguridades. Esto hará sentir a los recién llegados a un ambiente apropiado para que se sientan en un pedazo de territorio que los haga sentir en casa.
>
> —*Juan Carlos Ortiz*

Lo que están haciendo las iglesias latinas

Iglesias donde Dios se hace presente

La cosmovisión de la mayoría de latinas es una en que Dios se hace presente en medio de la vida. Se adora a Dios porque ha obrado en situaciones concretas. El pueblo ora por sus necesidades porque sabe que Dios actúa a favor de un pueblo que le busca. Los testimonios del pueblo son reconocimientos de que Dios los ha acompañado y obrado a su favor en situaciones que parecían no tener solución. Los creyentes leen la Biblia, participan en estudios bíblicos y escuchan los sermones anticipando oír palabra de Dios para su vida. En su mejor momento estos sermones son mensajes de esperanza, creyendo que Dios se inquieta por ellos y confiando en el futuro divino.

Este entusiasmo hace posible mantener vivas iglesias latinas en las situaciones más adversas. La congregación sabe que Dios está presente, así que sigue adelante aunque sea con mucho sacrificio.

Modelos de ministerio que vienen desde los cambios sociales

Los cambios demográficos que están ocurriendo en muchas partes del país han obligado a considerar nuevas maneras de hacer ministerio dentro de la comunidad latina. En los últimos años se han desarrollado varios modelos que reflejan tanto la diversificación de la comunidad latina como también los cambios que están ocurriendo en las congregaciones de la cultura mayoritaria.

Desde el siglo XIX siempre ha habido latinos que se hacen miembros de iglesias de la cultura mayoritaria. Existen muchas razones por esta participación. En algunas iglesias de corte histórico existen congregaciones que han tenido miembros latinos por varias generaciones. Este tipo de iglesia tiene a miembros latinos sin tener ningún enfoque específico para incluirlos. Los números son relativamente pequeños en este tipo de congregación. Pero es importante reconocer que algunos latinos van a ser más atraídos a iglesias de la cultura mayoritaria que a iglesias con algún enfoque latino.

Sin embargo, la realidad cultural estadounidense ha creado otros modelos de iglesia. Algunos de ellos ya tienen más de una generación de existencia, aunque tienden a ser nuevos para la mayoría de iglesias y denominaciones. Estos modelos han comenzado a crecer, aunque representan un tamaño limitado de iglesias que están ministrando desde la realidad latina.[31]

Iglesias múltiples trabajando juntas

Un primer modelo del cambio cultural es la decisión de varias iglesias de diferentes trasfondos culturales a trabajar juntos. Puede ser una iglesia que le alquila a otra o congregaciones de la misma denominación que comparten un edificio. Cada congregación tiene un liderazgo completamente separado, cumple con sus propios compromisos y tiene una misión particular. Su unidad se celebra principalmente en que aprovechan recursos para adelantar sus ministerios. Posiblemente tengan algún culto u otra actividad juntos, sin embargo, sus vidas congregacionales son completamente independientes unas de otras.

En ocasiones este modelo se inicia por razones pragmáticas, una congregación necesita un lugar en el cual reunirse y otra necesita generar ingresos extras porque no puede cumplir con sus compromisos económicos. También existen congregaciones de la cultura mayoritaria que utilizan este modelo porque tienen la esperanza de que este tipo de arreglo les abra puertas para ministrar entre los hijos de la congregación latina.

Pero existen muchas congregaciones que quieren ser de bendición a otros grupos étnicos y que utilizan este método para apoyar el ministerio de otros, particularmente congregaciones de su misma denominación o tradición. Este modelo ha sido utilizado en muchos lugares para comenzar iglesias latinas nuevas o para apoyar proyectos que están en necesidad de apoyo externo. También ha servido en muchas ocasiones como el primer paso hacia una relación que se va profundizando al irse conociendo mejor las dos congregaciones. Es muy probable que este modelo de ministerio seguirá siendo el primer punto de contacto entre muchas congregaciones dado el costo de comprar o alquilar locales en muchos centros urbanos.

Iglesias multi-congregacionales

Las iglesias multi-congregacionales son congregaciones hermanas cada una de las cuales tiene su propio enfoque cultural, social o lingüístico. Comparten edificios y coordinan sus ministerios de alguna forma. Algunos también comparten presupuestos. Este modelo se ha hecho popular en los centros urbanos, siendo un reflejo de las mezclas y los encuentros culturales reales de la ciudad. Existen varios tipos de congregaciones multi-congregacionales. En el primero, la iglesia de la cultura mayoritaria (o la iglesia madre si es que fue otro cultural el que comenzó el ministerio) es la congregación principal y las otras congregaciones son "hijas". La congregación principal tiende a ser la que "lleva la batuta" y toma las decisiones principales.

En un segundo tipo de iglesia multi-congregacional, existe más igualdad entre las congregaciones. Por lo general se da este modelo en situaciones donde ninguna de las congregaciones es más fuerte que las demás. Puede que una iglesia de la cultura mayoritaria sea dueña del edificio, pero no es una iglesia mucho más fuerte que las otras congregaciones o aun está en proceso de descenso.

Otro modelo, mucho menos común, es aquel en que uno grupo minoritario es el principal y le está abriendo lugar de ministerio a otros grupos minoritarios. Menos común aún es el modelo en que varias congregaciones minoritarias trabajan juntas, aprovechando local y recursos, sin contacto con una representación de la cultura mayoritaria.

El liderazgo de estas congregaciones varía desde las que tienen un solo grupo timón a las que tienen liderazgo separado para cada congregación y tienen un grupo coordinador para dirigir el trabajo unido. Estas congregaciones tienen algunas actividades en común para celebrar su unidad, pero también mantienen cierta autonomía para desarrollar ministerios y misión. Por lo general cada congregación tiene su propio pastor, aunque se dan situaciones en que una sola persona pastorea más de una congregación.

Este modelo provee la oportunidad de compartir recursos y de celebrar la unidad de la iglesia, mientras le da a cada grupo autonomía para desarrollar ministerios dentro de su comunidad específica. También permite el desarrollo de ministerio en varios diferentes idiomas, sin imponer el inglés sobre todos los grupos. Uno de sus retos principales de este modelo es la coordinación entre los grupos, particularmente si uno de ellos tiene acceso a muchos más recursos que los otros grupos, algo común cuando una iglesia de cultura mayoritaria se abre a este tipo de ministerio con grupos étnicos de menos recursos económicos.

Este modelo ofrece la oportunidad de celebrar tanto la unidad como la diversidad de iglesia. Se hacen actividades separadas que permiten y celebran la diversidad, mientras también hacen cosas juntas que permiten confesar la unidad de la iglesia en formas concretas.

Iglesias multiculturales

En los últimos años se han comenzado a desarrollar iglesias intencionalmente multiculturales en los Estados Unidos. Estas congregaciones buscan ser fieles a la visión bíblica de la iglesia como una comunidad multicultural, a través de atraer a personas de diferentes etnias y culturas como parte de una sola congregación. La gran mayoría de estas congregaciones celebran sus cultos en inglés, aunque existen iglesias intencionalmente multiculturales que funcionan en otros idiomas, particularmente en español.

Por lo general las iglesias multiculturales atraen a personas de diferentes trasfondos culturales que tienen otras cosas en común. Lo que une a muchos en estas iglesias no es la identidad étnica, sino la similitud socio-económica o educativa. Estas iglesias celebran su diversidad cultural en los artefactos como la música o la comida. Por lo general la estructura y organización reflejan una cultura dominante.

Algunas iglesias multiculturales están luchando con unir personas con diferencias culturales y también socio-económicas. Este tipo de iglesia trata de unir diferencias étnicas marcadas y sin imponer una cultura dominante. Buscan celebrar y reflejar la diversidad de su comunidad. Estas congregaciones luchan por mantener un balance en que cada grupo étnico se sienta representando y reconocido. Por lo general este tipo de congregación no es muy grande porque tiene que dedicar mucha de su energía al proceso de interacción entre los grupos étnicos.[32]

Congregaciones en transición

En zonas que están en transición demográfica se ven iglesias que optan por ser pro-activas en ministrar a la nueva comunidad étnica que está entrando al área. Muchas veces estos son proyectos denominacionales. Lo que se hace es buscar a una pastora latina que sea bilingüe y bicultural. Esta persona provee cuidado pastoral para la congregación de cultura mayoritaria en descenso, mientras que trabaja para levantar una congregación latina. La meta es que se siga apoyando a un grupo mientras se establece una iglesia nueva. En algunos casos también se busca hacer una transición en el culto en inglés para que se pueda ministrar más eficazmente a latinos que prefieren participar en un culto en inglés.

Otro variante de este modelo es que un grupo en descenso transfiere su edificio a la congregación latina. Esto permite que el edificio siga siendo utilizado para ministrar en la comunidad aunque la población ha cambiado.

En teoría este modelo permite seguir utilizando un edificio para ministerio en la comunidad. Pero en la práctica puede crear muchas tensiones interculturales. Muchas veces una congregación de la cultura mayoritaria en descenso ya se siente amenazada por los cambios que están ocurriendo en su comunidad. Así que trabajar en

> En nuestro caso en particular, el mayor reto lo constituye el racismo y la lucha por la supervivencia de un grupo de ancianos estadounidenses llenos de temor por estar perdiendo control en "su iglesia."
>
> —*Roberto Colón*

un modelo de transición se puede sentir como una amenaza a lo único que todavía "controlan". Este modelo es una buena estrategia a nivel denominacional porque permite seguir utilizando edificios para ministrar en la comunidad en que se construyeron. Pero demandan mucho trabajo preparativo y capacitación en relaciones interculturales para que el resultado sea uno en que todos sientan que se está haciendo la obra de Dios.

Modelos de ministerio, perspectivas teológicas e iglesias misionales

Mucho se ha escrito sobre las implicaciones teológicas y misionales de los diferentes modelos de iglesia y ministerio que hemos estado describiendo. No se pretende tratar el tema, ni mucho menos de resolverlo, en esta sección. Sin embargo, es importante reconocer que cada uno de los modelos descritos tiene implicaciones eclesiológicas y misionológicas que se necesitan tomar en cuenta.

El movimiento de iglecrecimiento ha dicho que las iglesias crecen mejor cuando son mono-culturales. Muchos han cuestionado las bases teológicas de este principio de unidades homogéneas y han argumentado que el modelo bíblico es de iglesias en que las personas de diferentes culturas adoran juntos a Dios y que ese debe ser el modelo para hoy, aunque sea más difícil levantar iglesias de esta manera.

Las iglesias latinas se encuentran en una situación compleja con relación a este tema. Gente de afuera las ve como mono-culturales y algunas de las denominaciones y movimientos que han comenzado obras latinas lo han hecho basado en su entendimiento de este principio del iglecrecimiento. Sin embargo, muchas congregaciones latinas son multiculturales, incluyendo gente de muchos países, culturas y trasfondos. Pero no son vistas así por los de afuera, que muchas veces solo ven a "latinos" que para ellos es una categoría mono-cultural.

> La mayoría de las iglesias latinas necesitan ofrecer programas y ministerios en ambos idiomas con el tinte de la cultura mestiza, propia de las comunidades latinas.
>
> —*Eduardo Font*

Lo que están haciendo las iglesias latinas

Muchas de las iglesias latinas ya son multiculturales y necesitan ser más intencionales en su disposición de trabajar con personas de diferentes culturas sean de Latinoamérica como también de las sub-culturas latino-estadounidenses. También es importante que reconocer que el modelo bíblico presenta a la iglesia cruzando fronteras culturales. Si la iglesia latina ha de tomar en serio su tarea misional, también necesita buscar maneras de ministrar entre personas no latinas. El reto será encontrar modelos en los cuales la iglesia latina busca ser intencionalmente multicultural dentro de la complejidad latina, al mismo tiempo que busca maneras de ser iglesia en conjunto con congregaciones de otros trasfondos étnicos.

Ministrando a las necesidades amplias de la comunidad

Las iglesias latinas están respondiendo y necesitan seguir respondiendo a las grandes necesidades de la comunidad latina al enfocar en la responsabilidad misional de la iglesia. Algunos de los grandes temas misionales se aplican particularmente a la comunidad latina.

Reconciliación

Una de las palabras claves que utiliza la Biblia para hablar de lo que Dios está haciendo por medio de Cristo es la reconciliación. Este es un tema crucial dentro de la comunidad latina. En primer lugar confesamos la necesidad de la reconciliación con Dios por medio de Cristo. Pero también reconocemos que la comunidad necesita varios tipos de reconciliación.

Los latinos necesitamos trabajar hacia la reconciliación en los círculos familiares disfuncionales, entre las diferencias sub-culturas latinas, entre generaciones, entre inmigrantes y nacidos en los Estados Unidos, entre clases sociales y entre muchas otras divisiones que hemos creado dentro de la realidad latina o divisiones que nos ha impuesto la sociedad mayoritaria. También existe la necesidad de trabajar hacia la reconciliación entre latinos y otros grupos minoritarios en los Estados Unidos, particularmente los afro-americanos. Por otro lado necesitamos encontrar nuevos modelos de interacción con la sociedad mayoritaria que incluyan procesos de reconciliación.

Un área particular en que la iglesia latina necesita fomentar la reconciliación es el machismo. Nuestro pueblo ha practicado y justificado un trato injusto hacia la mujer. La violencia doméstica es demasiado común, aun en nuestras iglesias y entre nuestros líderes evangélicos. Muchas iglesias latinas también han limitado el ministerio de la mujer aunque las mujeres son mayoría en casi todas las iglesias latinas y son las que más trabajan para apoyar a las iglesias latinas. Sin entrar a las preguntas teológicas que suscitan algunos latinos sobre este tema, es claro que un tema de reconciliación que necesita tratar la iglesia latina es la que se tiene que dar entre mujeres y hombres en la iglesia, la familia y la cultura latina.

> Por causa de la opresión tradicional de la mujer, es más fácil desarrollar los dones de la mujer entre mujeres. Pero nunca podremos sanar nuestra comunidad si no buscamos la unidad. La búsqueda de justicia, sea dentro o fuera de la comunidad requiere un proceso intencional de formación, para tener la mente de Cristo Jesús.
>
> —*Alexia Salvatierra*

Al enfocar en ministerios de reconciliación las iglesias latinas están reconociendo el llamado divino, pero también la realidad de la necesidad humana. El ministerio de reconciliación tiene que incluir la proclamación y la invitación a reconciliarse con Dios por medio de Cristo Jesús. Pero también tiene que incluir la tarea y el compromiso de trabajar hacia la reconciliación en todas las áreas mencionadas. La iglesia necesita estar a la vanguardia del proceso reconciliador, particularmente en aquellos barrios y comunidades donde el encuentro entre nuestro pueblo y otras etnias ha estado lleno de tensiones y dificultades.

> Creo que cada persona que llega de otro país necesita sentirse parte y tener un lugar que tenga componentes de su hogar y su familia. Aquí es donde puede comenzar la iglesia.
>
> —*Clementina Chacón*

Lo que están haciendo las iglesias latinas

Las congregaciones latinas ya están trabajando para desarrollar modelos de reconciliación dentro de la familia y entre las diferentes culturas latinas. El siguiente paso para las iglesias latinas es trabajar a favor de la reconciliación inter-cultural que refleje el mensaje del evangelio que predicamos.

Comunidad

Uno de los mensajes más comunes en las iglesias latinas es la iglesia como comunidad. Las iglesias sirven para apoyar a los inmigrantes que están lejos de sus ligas familiares, a los que se han mudado a un lugar nuevo en busca de mejores oportunidades, a los que se han separado de sus familias por problemas y a tantos otros que se encuentran solos entre nosotros. Por causa de nuestras particularidades culturales éste es uno de los ministerios que la mayoría de iglesias latinas encuentra más fácil. Muchas personas encuentran en las iglesias latinas una red de relaciones que les apoyan en diferentes aspectos de la familia y que les provee el sostén y apoyo que necesitan y círculos de amistades que les ayudan a conseguir empleo, vivienda y otros tipos de ayuda.

Esta fortaleza de muchas iglesias latinas será cada vez más indispensable para la comunidad latina. Las iglesias necesitarán ser proactivas en el proceso de proveer apoyo, capacitando a

---

Cuando hablamos de metas específicas siempre lo hacemos entendiendo que Dios nos ha llamado como iglesia a extender el reino de Dios a través de ejercitarnos en la compasión, promover la paz, la justicia y la espiritualidad, al mismo tiempo que batallamos en contra de la pobreza sistémica a través de programas comunitarios en colaboración con otras iglesias y agencias de educación y servicios sociales a la comunidad.

—*Roberto Colón*

Para mí el tema más importante es conseguir que la iglesia se vea como parte de la sociedad a nuestro alrededor. Habiendo creciendo en la iglesia latina en este país veo que teníamos tanto temor de lo inmundo que ignorábamos lo que estaba pasando en la comunidad y perdimos muchas oportunidades para tener un impacto con el evangelio y el mensaje transformador de Jesús.

—*James Ortiz*

miembros de la iglesia ver como se ponen a disposición de los que buscan, y les urge, comunidad.

Esto también implica apoyar el desarrollo o fortaleza de los sistemas comunitarios. Las comunidades en que viven las latinas por lo general carecen de servicios públicos o tienen servicios muy deficientes. La iglesia como comunidad también toma en serio la importancia de trabajar con otras iglesias para desarrollar un ministerio integral que crea comunidad y apoya las estructuras de servicio comunitario.

Esperanza

Un concepto clave del evangelio es esperanza. Creer en el futuro es indispensable dentro de la comunidad latina. Nuestra religiosidad nos ayuda a creer que Dios se hace presente en nuestras vidas. Pero en algunas de nuestras comunidades creer en Dios es creer que la situación actual no tiene posibilidad de cambio, una especie de fatalismo. Nuestras iglesias necesitan fomentar la esperanza. Creemos en el futuro porque Dios obró en el pasado y sigue obrando hoy. Este es un mensaje que se necesita proclamar, pero también un reto a la acción. El inmigrante llega con esperanza. Los jóvenes, por lo general, comienzan con esperanza. Pero las circunstancias que confrontan en este país muchas veces terminan minando o destruyendo la esperanza. Las iglesias que están trabajando en esta área están ayudando a abrir oportunidades de educación y preparación para poder visualizar

La inmigración tiene tremendo impacto sobre la iglesia. Creo, que al igual como pasó con mi abuelo, fue la iglesia que ayudó y ayudará a traer justicia a los que viven en circunstancias injustas.

—*Clementina Chacón*

Mi papel es ser profético sobre este asunto y estar listo a abogar sobre la realidad migratoria para que cambie la manera que pensamos y hacemos el trabajo del reino.

—*Walter Contreras*

Todos los que ministramos dentro de la comunidad latina conocemos a fondo las desgarradoras realidades que confrontan los indocumentados.

—*Sofía Herrera*

un futuro en este país. También están trabajando para llamar a sus miembros a ser fuentes de esperanza para las personas a su alrededor.

Un área específica en la que las iglesias necesitan fomentar la esperanza es con relación a una reforma migratoria justa e integral. Históricamente la gran mayoría de pastores latinos han evitado la participación política, creyendo que no es función de la iglesia involucrarse en asuntos que no se consideran específicamente "espirituales". Siempre ha habido una minoría de pastores latinos dispuesta a lidiar con temas políticos, particularmente pastores de denominaciones liberales. Recientemente también algunos líderes evangélicos latinos de movimientos más conservadores han comenzado a participar al tratar temas como el aborto o la homosexualidad. Pero ha sido el tema de la reforma migratoria que ha persuadido a muchos pastores latinos de la importancia de su participación política.

Muchas iglesias latinas han vivido con la contradicción de que predican sobre la importancia de "obedecer" a las autoridades legales, apelando a una interpretación muy limitada de Romanos 13. Pero a la hora de la oración piden por la persona que "va a pasar esta noche." Muchos pastores latinos han optado por ignorar las implicaciones de recibir diezmos de trabajadores indocumentados, al mismo tiempo que predican en contra de la migración indocumentada.

El tema tomó nueva importancia entre muchos pastores latinos cuando la Cámara de Representantes aprobó la propuesta HR4437, que habría criminalizado el ayudar a los indocumentados, a fines del 2005. Esto ha creado una nueva visión de la importancia de trabajar en el campo político a favor de los latinos y otros que necesitan salir de las sombras a la legalidad.

Al no aprobarse una ley de reforma migratoria en 2007, algunas iglesias latinas se están preparando para las elecciones, mientras otras están participando

> Nosotros los latinos necesitamos una causa mayor que nos una. Creo que el Espíritu de Dios está activamente trabajando hoy en nuestras comunidades para unirnos con el asunto de le inmigración.
>
> —*Roberto Colón*

en actos testimoniales como el Nuevo Movimiento Santuario. Está por verse si el tema de la reforma migratoria sirve para unir a los pastores latinos para trabajar juntos para influenciar los procesos políticos a favor de algunas de las otras necesidades de la comunidad.

Identidad

Uno de los retos grandes que confronta la comunidad latina, particularmente los jóvenes, es el asunto de identidad: ¿quién soy yo? Los latinos recibimos mensajes conflictivos, incluyendo muchos que denigran o desvalorizan nuestra identidad latina. La iglesia latina llega a ser un lugar donde podemos celebrar quienes somos como hijas e hijos de Dios y lo que podemos contribuir a Dios y a nuestro mundo como latinas. La iglesia latina llega a ser un lugar donde tenemos espacio para celebrar nuestra identidad polifónica delante de Dios. No estamos hablando de un tipo de orgullo cultural, sino de una identidad positiva que nos ayuda a poder participar en la vida pública de nuestra sociedad.

> Necesitamos ayudar a nuestra gente a encontrar una identidad que permita expresar todo su potencial, desarrollar relaciones igualitarias con otras minorías y estamentos dentro de la sociedad y tomar un lugar más visible dentro del liderazgo en áreas de negocio, educación, y política.
>
> —*Pablo Anabalón*

En medio del desplazamiento del inmigrante y falta de identidad clara que sufren muchos en nuestra comunidad es en la iglesia donde podemos celebrar nuestro caminar delante de Dios como latinos un regalo divino. Este nos da la base para crecer y también para desarrollar una identidad transformadora que nos lleva más allá hacia lo que Dios quiere desarrollar en nosotros.

> La iglesia deberá convertirse en creadora de cultura, no meramente en un movimiento contracultura.
>
> —*Oscar & Karla García*

Los teólogos latinos nos han invitado a reconocer varios aspectos de nuestra identidad como dones que nos permiten leer la Biblia y entender el obrar de Dios en el mundo de una manera particular. Estos aspectos son un don para nosotros, como también algo que podemos compartir para que otros también puedan aprender de nuestro encuentro particular con Dios. Justo González sugiere que podemos aprender de nuestras experiencias de mestizaje, marginalidad, pobreza, exilio y solidaridad. Cada uno de estos conceptos describe partes de nuestra realidad. Somos pueblo que surgió del encuentro (muchas veces forzado) entre pueblos. No podemos reclamar ninguna "pureza" racial. Muchos latinos han vivido al margen de la sociedad estadounidense. El nivel de pobreza entre latinas es alto. Muchos latinos se sienten desplazados, aun entre los que han nacido en los Estados Unidos. Sin embargo, en medio de todo esto somos pueblo que hemos aprendido a ser solidarios con los nuestros. En medio de estas experiencias hemos aprendido que Dios camina con los pequeños y marginados, con los pobres y desplazados y que busca que formemos un nuevo pueblo.

> Principalmente las congregaciones independientes muestran genes culturales mixtos y singulares. Estas congregaciones han mestizado varios elementos y han creado una propia cultura diferenciada de las anteriores. No solamente han mantenido rasgos culturales latinoamericanos como también rasgos culturales anglosajones, sino que han generado, en muchos casos, un mestizaje eclesiástico distintivo, una tercera realidad social. Han creado cultura religiosa.
>
> —*Oscar Y Karla García*

Iglesias latinas que buscan tener un impacto positivo sobre la identidad latina están utilizando las experiencias latinas como punto de partida para ayudar a la comunidad a entender como es que Dios se hace presente entre nosotros. Estas iglesias están ayudando a contestar la pregunta: ¿qué significa ser discípulo de Jesucristo desde mi realidad latina polifacética?

Herramientas para la vida

Muchos miembros de la comunidad latina necesitan herramientas para poder funcionar eficazmente en la sociedad estadounidense. Muchos necesitan cosas básicas como alimentación nutritiva, capacitación para conseguir un empleo digno, vivienda humana, y educación para ellos y sus hijos. También necesitan capacitación para saber como funcionar dentro de la sociedad estadounidense. La comunidad latina ya está contribuyendo en gran manera en este país, pero tienen el potencial de tener un impacto mucho mayor, si tienen las herramientas que necesitan. Existen organizaciones que proveen estos servicios. Las iglesias pueden participar en la capacitación y también servir de puente entre la gente y las entidades de capacitación.

Las iglesias también pueden ayudar a las iglesias a desarrollar relaciones positivas entre esposos, padres-hijos, familias, iglesias y comunidades. Muchas iglesias proveen seminarios, talleres, retiros y otros tipos de actividades para apoyar a la familia latina. Al desarrollar familias saludables la comunidad latina será fortalecida.

> Como trabajo comunitario, además del mensaje de la Gracia de Dios, que transforma las vidas, enseñamos inglés, preparamos a los adultos para graduarse de la escuela secundaria, promovemos no la asimilación pero sí la plena integración con la cultura anglosajona. Enseñamos y motivamos a comprar casa, hacer raíces, no moverse de lugar en lugar. Animamos a la gente a capacitarse para conseguir mejores trabajos y moverse continuamente en la escala económica. Queremos que la gente pase de empleado a socio de su patrón, luego a patrón, pagando salarios justos, trabajando bajo la ética cristiana.
>
> —*Juan Carlos Ortiz*

Pero el latino también necesita maneras de interpretar la realidad estadounidense cristianamente. Le es muy fácil a muchos latinos interpretar la situación en este país sólo en términos positivos o negativos, sin poder analizar las complejidades del impacto de la cultura estadounidense. Las iglesias le pueden ayudar a los creyentes inmigrantes a hacer una lectura teológica de la situación que les ha hecho inmigrar y a los que han nacido en el país a entender el contexto complejo en que viven. Necesitan poder

> En estas horas inciertas, un reto crítico para la comunidad latina en general es conservar la esperanza . . . a fin de no sucumbir a posibles consecuencias psicológicas y sociales por los presentes atropellos civiles, discriminatorios y laborales que traumatizan, engendran el cinismo y en casos extremos paralizan la creatividad, el espíritu de empresa y de superación moral, social y espiritual.
>
> —*Eduardo Font*

interpretar la globalización y reconocer la necesidad de contribuir y de cuestionar la situación actual.

Modelos de ministerio interdependiente

Cuando mis padres se estaban capacitando para el ministerio en un instituto bíblico de habla hispana en el sur de Texas durante la década de 1960 pasamos mucha necesidad como familia. Ellos habían sentido el llamado de Dios al ministerio dentro de la comunidad latina y se habían mudado de California a Texas para estudiar en una institución de habla hispana. La situación económica era bien difícil y la pequeña iglesia latina que estaban pastoreando mis padres difícilmente les daba suficiente para pagar la renta, mucho menos para alimentación y otros gastos. En medio de esa situación una persona le dio el siguiente consejo a mi padre: "Únete al dios de los gringos. El dios de los mexicanos no paga."

Este tipo de desigualdad económica ha existido en el ministerio latino en los Estados Unidos desde que comenzó la obra misionera protestante en el siglo XIX. Las iglesias de la cultura mayoritaria tienen los recursos económicos, el personal capacitado, los edificios, la visión y la disposición. La mayoría de las iglesias latinas son pobres y sus miembros casi siempre tienen menos recursos económicos que los miembros de otras iglesias. Por causa de esta desigualdad económica muchas veces se han creado situaciones de dependencia o co-dependencia económica entre muchas iglesias latinas y las iglesias mayoritarias. En algunas denominacionales estas relaciones co-dependientes tiene décadas de existir y parece que nunca se pueden cambiar, por más que se busque el cambio.

Este problema nace en la desigualdad económica que necesitamos confrontar como cristianos. Pero se desarrolla por causa de la perspectiva que se tiene del dinero y el ministerio. En las iglesias ricas del primer mundo existe la tentación de definir el avance del ministerio alrededor del dinero. El dinero llega a ser el recurso principal a la hora de hablar de hacer misión. Otros recursos como los dones, el esfuerzo humano, la visión o la disposición a trabajar son vistos como secundarios al dinero. Así que el ministerio se define alrededor de presupuestos y quien cuenta con el dinero define el ministerio. La capacidad de seguir hacia delante queda pendiente de las decisiones denominacionales o de las iglesias o personas de la cultura mayoritaria que tienen recursos económicos o que tienen acceso a los mismos.[33]

Esto tiende a crear relaciones incómodas para todos. La codependencia económica crea disgustos tanto para el que da como para el que depende de los recursos económicos de otros. Pero también tiende a hacerle daño al ministerio o iglesia latina en que nunca se hace completamente responsable de su propio ministerio local. Existen múltiples ejemplos en los Estados Unidos de iglesias latinas que siguen recibiendo algún subsidio económico de afuera 20, 30 o aún 50 años después de haberse establecido. También existen muchos ejemplos históricos en que iglesias latinas han desaparecido o se han desligado de sus raíces denominacionales por problemas económicos que vienen de la codependencia. Denominaciones que en otros años tuvieron muchas congregaciones latinas, hoy apenas tienen un impacto mínimo en la comunidad latina.

En muchos casos parece haber una relación inversa entre la cantidad de dinero invertido y el desarrollo de una iglesia latina fuerte. Cuanto más dinero se invierte cuanto más difícil se hace establecer un ministerio fuerte en el cual los miembros de la iglesia se hacen económicamente responsables de su propia congregación.

Cambiar este tipo de situación no es fácil. Tanto el que da como el que recibe se ha acostumbrado a ciertos patrones y relaciones y tiende a interpretar su realidad de tal forma que la justifica y hace difícil cambiarla. En este cuadro el latino siempre es el "pobrecito" que no puede hacerse responsable de su futuro

> Nuestra meta es establecer iglesias latinas lideradas por latinos donde no tengan que depender las americanas sino que los latinos puedan ser dueños de sus edificios. Queremos crear capacidad en nuestros líderes latinos en el área de ministerios de compasión y justicia para que puedan asumir sus responsabilidades cívicas, sociales y espirituales como líderes de sus comunidades.
>
> —*Walter Contreras*

y las personas de la cultura mayoritaria son los "salvadores" que pueden sentirse bien por lo que están haciendo a favor de los necesitados. El latino se queja del control que tienen los de afuera y el "anglo" siente que se están aprovechando de él. Los dos lamentan su "papel" sin poder encontrar una salida.

Es obvio que las latinas, aun latinas pobres, pueden levantar y sostener sus propias iglesias. Lo están haciendo todos los días a través de los Estados Unidos. Pero también es importante reconocer que la visión bíblica va más allá de iglesias auto-suficientes a congregaciones interdependientes que reflejan una iglesia unida demostrando la visión divina de una comunidad de todas los pueblos, etnias, idiomas y culturas unidos por Jesucristo (Apocalipsis 7:8,9). Las iglesias cristianas de diferentes trasfondos culturales necesitan aprender a trabajar juntas de tal forma que den testimonio de unidad, pero también que utilicen sabiamente sus recursos para poder ministrar eficazmente en nuestro mundo.

La desigualdad económica entre iglesias ricas e iglesias pobres siempre complicará cualquier esfuerzo por desarrollar interdependencia económica y trabajo unido entre iguales. Sin embargo, es importante desarrollar nuevos tipos de relaciones entre las iglesias pudientes y las que tienen menos recursos económicos. Esto va a implicar cambios tanto de un lado como del otro. Las iglesias latinas necesitamos definir nuestro propio lugar dentro de la sociedad estadounidense y en relación a las iglesias mayoritarias. También debemos celebrar y utilizar los recursos que Dios nos ha dado. Las iglesias latinas tienen personas con dones, disposición, visión y conocen el poder de Dios que se manifiesta en la vida real. Han podido lograr mucho con lo que se tiene. Nunca se debe despreciar el valor de todo eso. El sistema económico en que habitamos nos quiere persuadir que el recurso más importante es

> Los líderes latinos necesitan dejar de tenerle miedo al liderazgo "blanco" y representar a la comunidad Latina con valor, firmeza e humildad. Muchos líderes no saben como hablar en medio de un liderazgo blanco dominante. Tienden a ser agradables y no honestos.
>
> —*Walter Contreras*

el dinero. Nos toca confrontar esa mentira y llamar a la iglesia y sociedad estadounidense a romper con el cautiverio del dinero.

Las iglesias mayoritarias necesitan confrontar el racismo implícito en cualquier relación de co-dependencia. Este problema no solo existe en los Estados Unidos, sino que afecta el ministerio y proyectos de servicio de muchas iglesias y entidades de servicio alrededor del mundo. Las mejores intenciones sólo tendrán efecto positivo si se cambian las actitudes que hace al rico benefactor del "pobrecito" pobre. Quien tiene recursos económicos ha de recordar que es sencillamente mayordomo y que Dios le invita a utilizar lo que tiene para bendecir a otros. También necesita romper su cautiverio al dinero por medio de una generosidad responsable.

Al unir los recursos de las iglesias latinas con los recursos de las iglesias mayoritarias, y los recursos de otras iglesias minoritarias, se puede soñar con crear iglesias que tengan relaciones interdependientes. Dichas relaciones dependen de creer que es Dios quien nos llama a trabajar juntos hacia su futuro. Las iglesias latinas ya están haciendo mucho para responder a las necesidades de la comunidad latina y más allá. Al unir esfuerzos en interdependencia se podrá multiplicar el esfuerzo para gloria de Dios y bienestar del país en que vivimos.

> Creemos que la única forma de trabajar juntos es logrando, primero que todo, 'desmitologizar' el concepto y la practica de la "unidad". Creemos que en el concepto latino de *convivencia* hay un gran potencial. Convivencia teológicamente hablando es la capacidad de vivir juntos por medio de Cristo y por causa de Cristo, siguiendo la lógica de Dietrich Bonhoeffer.
>
> —*Oscar & Karla García*

5

Ministrando hoy y mañana

Vivimos en medio de grandes cambios profundos alrededor del mundo. La globalización y pos-modernidad están cambiando todas las categorías que creíamos conocer. Estos cambios están teniendo impacto sobre la comunidad latina y afectarán su futuro en este país. No podemos hablar del futuro ministerio entre la comunidad latina sin tomar en cuenta que estamos inmersos en esta realidad mayor. Sin embargo, la comunidad latina también presenta toda una serie de particularidades con que tiene que lidiar al planificar hacia el futuro. Específicamente la iglesia evangélica latina necesita pensar en la formación de los jóvenes latinos, la preparación de líderes para las iglesias latinas del futuro, nuevos modelos de ministerio y la capacidad para entender las "señales de los tiempos" con relación a la comunidad latina.

Ministrando a los jóvenes latinos[34]

El ministerio juvenil siempre ha sido un reto para la iglesia. Cada generación cuestiona a la anterior y busca caminar en direcciones nuevas. La juventud de cada época tiene que

> La segunda generación siempre es un *afterthought*, no la preocupación central del grupo. La lucha para mantener la identidad hispana mientras aprendemos lo mejor de la cultura en que vivimos ofrece muchas oportunidades pero se necesita el apoyo de los demás.
>
> —*Alexia Salvatierra*

lidiar con la formación de su identidad entre un complejo de influencias todas las cuales buscan "hacerla a su imagen". Para la juventud latina estas influencias incluyen a la iglesia, la familia y la comunidad latina. Pero también están las influencias poderosas de la cultura juvenil globalizada y los medios de comunicación social masiva. Nuestros jóvenes se están formando y creando su identidad entre todas estas influencias y es trabajo de la iglesia, familia y comunidad acompañarles a llegar a ser adultos maduros comprometidos con seguir el camino de Cristo Jesús.

Es importante recordar que la juventud latina presenta todas las diversidades ya mencionadas sobre la comunidad latina en general. Pero encima de toda esa diversidad se tiene que añadir el hecho de que están siendo formados y educados en medio de las culturas juveniles estadounidenses. Ellos tienen mucha más presión para asimilarse a la cultura mayoritaria que los adultos, pero también están buscando desarrollar su identidad como jóvenes latinos. Es un proceso en el que parece que simultáneamente están huyendo de, buscando y reformulando su identidad latina. Para poder ministrar eficazmente en entre ellos se necesita tomar en cuenta esta complejidad que es la vida del adolescente y joven latino.

> La cosmovisión de las generaciones también es distinta, y el líder latino necesita tener ministerios dirigidos para cada generación.
>
> —Sergio Navarrete

Las iglesias latinas necesitan tomar tiempo para entender la experiencia compleja de los jóvenes de sus iglesias y desarrollar ministerios y sistemas de apoyo que respondan a esas complejidades. Existen varias maneras de describir las diferentes experiencias de la juventud latina. La primera tiene que ver con el lugar de formación. Los jóvenes que nacieron o fueron criados en los Estados Unidos y los que inmigraron como jóvenes tienen diferencias marcadas entre ellos. Estas diferencias

> Creo que cada generación se acerca a Dios según su necesidad y que la razón por la cual los padres están buscando a Dios y esperanza no será la misma razón por la cual sus hijos lo están buscando.
>
> —Clementina Chacón

MINISTRANDO HOY Y MAÑANA

tienen que ver con valores y cosmovisión, no sólo con idioma. Pero con la juventud nacida en los Estados Unidos también está el asunto de la formación que han recibido de sus padres. Algunos han sido criados con una fuerte identificación latina, mientras que los padres de otros han querido que sus hijos se "americanicen". Estas diferencias formativas comienzan a marcar las diferencias que se pueden notar entre la juventud latina.

El *Instituto Fe y Vida*, proyecto de los Hermanos La Salle de la Iglesia Católica en los Estados Unidos, ha identificado cuatro grandes "tipos" de jóvenes latinos dentro de las iglesias católicas en este país. Ellos utilizan estas cuatro categorías para ayudar a los que hacen pastoral juvenil a entender que los jóvenes latinos que llegan a sus iglesias tendrán necesidades e intereses muy diferentes. No son categorías exclusivas, sino descripciones de tendencias que se observan entre la juventud latina. Si sobre imponemos esas categorías al cuadro que utilizamos anteriormente para describir a la identificación cultural de la comunidad latina podemos graficar las diferencias propuestas del *Instituto Fe y Vida* de la siguiente manera.

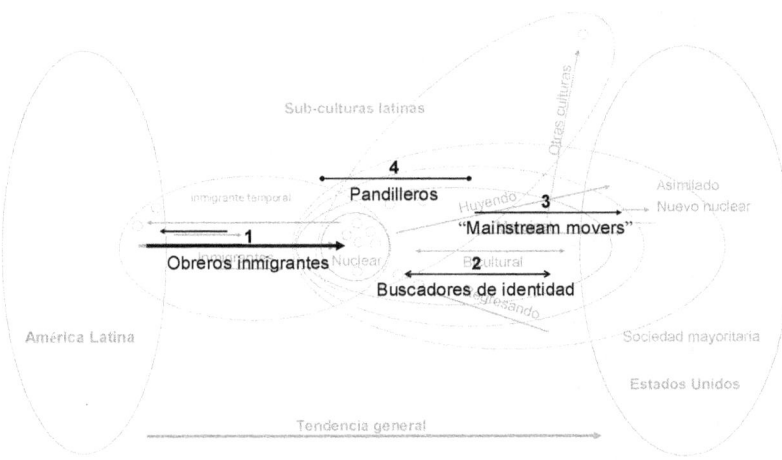

Cuadro #4
Tipos de identificación de jóvenes latinos[35]

Los *obreros inmigrantes* son jóvenes latinos que inmigraron de América Latina algo recientemente. Su formación y educación se dieron en sus países de origen y mantienen fuertes ligas con el sur. La mayoría no tiene mucha educación, aunque también hay jóvenes que llegan con altos niveles educativos. Este tipo de joven tiene clara su identidad latina/latinoamericana. Si ha sido parte de una iglesia en su país de origen espera que las actividades juveniles acá se parezcan a las de allá. La participación de esta joven en la cultura juvenil globalizada será a través de sus "portales" latinos o latinoamericanos. Muchos de estos jóvenes llegan a ser plenamente bilingües y biculturales al pasar los años.

Los jóvenes en *busca de identidad* por lo general han nacido o se han criado en los Estados Unidos. Como jóvenes están tratando de encontrar su espacio cultural. Muchos de ellos están experimentando con aspectos de la cultura latina, la cultura mayoritaria y aun otras expresiones culturales. Quieren celebrar aspectos de la cultura latina, pero los están mezclando con las otras influencias que están recibiendo de otras fuentes. Lo que más necesita este joven es el espacio para ir experimentando y reformulando su identidad cultural.

Los *mainstream movers* son jóvenes que están plenamente en camino hacia la sociedad mayoritaria. Su entendimiento del futuro tiene que ver con participar en la cultura mayoritaria. Por lo general tienen poca identificación con sus raíces latinas y ven poca razón para tomar en cuenta lo latino. Las raíces de esta tendencia pueden ser la formación que le dieron los padres o la influencia de personas importantes en su vida. Muchos de estos jóvenes irán a la universidad donde su trasfondo latino será un factor de mínima

---

La iglesia debe proveer para que haya expresiones de ambos idiomas en su vida cotidiana. Esa es una magnífica oportunidad para adiestrar a líderes jóvenes, nacidos y/o criados en este país para llevar a cabo la labor de ministrarle a segundas, terceras y cuartas generaciones que prefieren el inglés fuera del hogar. En nuestro contexto particular es muy importante que el Pastor y los líderes sean bilingües ya que nuestros jóvenes, a pesar poder entender el español constantemente cambian de idioma en sus conversaciones.

—*Roberto Colón*

importancia. Ellos anticipan que su futuro probablemente estará al margen o completamente fuera de la comunidad latina.

La última categoría, los *pandilleros*, refleja la realidad de cuanto joven latino queda perdido entre la cultura de sus padres y la cultura mayoritaria. Este tipo de joven no siente que cabe en ningún otro espacio, así que busca su identidad y comunidad entre los miembros de la pandilla. La pandilla llega a proveer lo que la sociedad le ha quitado o, a lo menos, no le ha provisto.

El ministerio entre jóvenes latinos se complica por estas realidades diversas, pero también por el hecho de que los padres no siempre concuerdan con lo que desean ver en sus hijos. Muchos padres quieren que la iglesia sea un lugar donde sus hijos afirmen su cultura latina y donde practiquen su español. Sin embargo, otros quieren que sus hijos se "americanicen" para que "no sufran" como ellos han sufrido al participar en la realidad estadounidense. Estos padres quieren que sus hijos participen en programas juveniles que los preparen para ser buenos "americanos".

Esta ambivalencia se nota en asuntos de idioma y de participación social. Algunos padres quieren que sus hijos hablen bien el español y otros prefieren que ni lo aprendan. Esto refleja las diferentes perspectivas previamente mencionadas sobre el lugar de los latinos en la sociedad mayoritaria. Algunos desean fomentar una identidad bicultural y bilingüe en sus hijos, mientras otros ven el futuro en la asimilación completa a la cultura mayoritaria.[36]

Las opiniones encontradas de los padres complican el trabajo de la iglesia porque no existe una postura "neutral". La iglesia tiene que preguntarse que mensaje desea comunicar a sus jóvenes. Si organiza actividades con enfoque latino está comunicando que es importante mantener la identidad latina. Si no lo hace comunica que cree en la asimilación. La postura que tome la iglesia afectará el tipo de ministerio como también el papel de la iglesia como agente social.

La postura de este libro es que la mejor manera para que la juventud latina desarrolle alas para participar en su mundo es por echar raíces profundas de identificación cultural. Aunque la oración anterior mezcla dos metáforas, es una descripción útil de lo que se pretende con las ideas que siguen. Se busca ayudar a la joven latina a fortalecer su identidad cristiana y latina, algo que le permitirá ampliar su identidad para tener un impacto positivo en su mundo.

Para llegar a esa meta la iglesia latina necesita recordar que el evangelio siempre se desarrolla en culturas concretas. La iglesia tiene la responsabilidad de compartir el evangelio, llamar a personas al mismo y a formar a discípulos de Cristo Jesús. Pero ese proceso siempre se tiene que dar en contextos culturales concretos, en este caso, la realidad latina. La juventud latina podrá afirmar su confesión de fe en Cristo con más claridad en la medida de que esa confesión se haga desde una afirmación de su identidad latina.

La iglesia latina será un lugar importante para celebrar y afirmar las culturas latinas. Lo latino es visto en forma negativa o demasiado superficial en muchos contextos estadounidenses. El idioma español es atacado o despreciado en muchos círculos. Aun existen muchas personas que afirman que la presencia latina es un peligro para la identidad nacional de los Estados Unidos.[37]

> La iglesia necesita crear puentes de comunicación entre diferentes generaciones, desarrollar líderes que puedan servir a una generación más cuestionadora, más exigente.
>
> —*Maribel Campos*

Nuestros jóvenes necesitan una presentación más positiva de lo que es ser latino. Ellos no necesitan una idealismo que niegue las partes negativas de nuestra cultura, sino una lectura de la historia de los latinos y de las riquezas de la cultura latina. Con esta lectura también necesitan herramientas para interpretar su experiencia latina en los Estados Unidos. Necesitan comenzar a pensar sobre los procesos de la globalización y sobre los movimientos migratorios que han formado a la comunidad latina del día de hoy.

Otra función importante de la iglesia es la celebración del idioma español. El idioma es parte importante de la identidad latina y un medio para adorar juntos a Dios a través de generaciones. El

> Otra manera que estamos tratando de ayudar a nuestros jóvenes es por decirles que está bien hablar español.
>
> —*Saúl & Rosamaría Maldonado*

propósito de enseñar el español a nuestros hijos, no es sólo para la identificación cultural. Es también una invitación a nuestros jóvenes para que vean el mundo con ojos más amplios. Estados Unidos ha desarrollado y casi celebrado un monolingüismo que ha limitado la influencia que puede tener en el mundo globalizado. Apoyar el aprendizaje del español es preparar a nuestros hijos para el futuro, un futuro cada día más multicultural y multilingüe.

La iglesia latina necesita abrirle opciones al joven para que crezca como persona y como cristiano. Al conocer el evangelio y comenzar a servir en su comunidad la joven latina comienza a entender su razón de ser en el mundo. La iglesia también le presenta opciones al abrirle espacios para hacer contacto positivo con América Latina por medio de proyectos de misión y servicio. Esto le da la oportunidad de ver los países de sus padres o antepasados a través de ojos más realistas, en vez de las interpretaciones muchas veces negativas de los medios masivos de este país.

Todo este proceso se tiene que dar en un contexto donde se le da libertad para experimentar y decidir sobre su identidad. Habrá momentos en que el joven se va identificar con lo latino y otros en que lo tratará de negar. Los que trabajan con los jóvenes

> Necesitamos escuchar mucho a nuestros jóvenes. Les necesitamos dar su plataforma, su espacio para poder hablar. Yo me encuentro preguntándoles, ¿qué nos falta?
>
> —Adelita Garza

necesitarán entender que este es parte del proceso de formación de identidad y que la iglesia ha de ser un lugar seguro en que puede experimentar con las diferentes opciones que le presenta su mundo. También necesita ser un lugar donde sienta apoyo al ir tomando decisiones sobre su futuro aunque el joven decida que su identidad latina no tiene mucho que ofrecerle para el futuro.

La finalidad principal del trabajo con los jóvenes es ayudarles a llegar a ser ciudadanos del reino divino que no se limita a ninguna cultura humana. Les queremos ayudar a definir y fortalecer su compromiso cristiano no importa por donde siga su vida. Necesitan escuchar un evangelio transcultural, nacido en la realidad latina pero que va mucho más allá. Lo que buscamos es que vivan como ciudadanos del reino dondequiera que Dios les tenga. El fin del ministerio juvenil, y del ministerio latino en general, necesita ser formar cristianos para un mundo globalizado.

Algunas iglesias latinas proclaman que su iglesia es la iglesia de sus hijos e hijas. Este tipo de declaración tenía peso en un momento social más estable. Por supuesto que le queremos comunicar a nuestros hijos e hijas de que tienen un lugar especial en la vida de nuestras congregaciones. Pero la realidad de movimiento y cambios sociales en nuestro mundo implica que la mayoría de nuestros hijos no serán parte de nuestras iglesias.

> Nuestra iglesia se enfrentará con el problema de la desconexión de los jóvenes de de segunda y tercera generación. Ya que no tenemos un modelo de hacer ministerio juvenil o un claro entendimiento de cómo ministrar a las nuevas generaciones, mi temor es que terminaremos con iglesias de ancianos y eventualmente desvanecer por la falta de sangre nueva y del alcance a las generaciones emergentes.
>
> —*Danny Martínez*

Algunos se quedarán cerca de nuestras iglesias y podrán ser parte de la siguiente generación de miembros de la congregación. Pero la mayoría se irá a otros lugares. Al moverse algunos buscarán ser parte de otras iglesias latinas. Otros se irán a iglesias no latinas. Habremos cumplido con nuestra tarea si se van con una clara identidad como seguidores de Cristo Jesús.[38]

Capacitando a la siguiente generación de líderes

Al hablar de la capacitación de una nueva generación de líderes para las iglesias evangélicas latinas, necesitamos tener claro tanto el proceso de reclutamiento como el proceso formativo. Siendo que la comunidad latina es tan diversa y que la necesidad de líderes seguirá creciendo, es importante reconocer que las líderes vendrán

> Creo que la siguiente generación de líderes latinos tiene que ser personas que no les de miedo "salirse de la línea." En un tiempo pos-moderno es importante que las líderes latinas se mantengan fundadas en su fe, pero al mismo tiempo, flexibles en las maneras que ministran.
>
> —*Clementina Chacón*

de muchos diferentes lugares y que los retos de capacitarlas serán tan complejos como es la comunidad.

Buscando líderes nuevos

En la actualidad los futuros pastores latinos están saliendo de unas tres fuentes principales. Por un lado muchas de las iglesias inmigrantes están buscando a sus líderes en América Latina. El flujo migratorio es tal que no es difícil encontrar pastores o líderes en América Latina dispuestos a servir entre la comunidad latina en los Estados Unidos. También vienen muchos pastores de América Latina buscando cualquier oportunidad de empleo que deciden retomar el ministerio porque se les abre un espacio ya estando acá. Muchos de estos pastores vienen con experiencia ministerial extensa, pero son pocos los que tienen experiencia transcultural, así que casi nunca llegan preparados para la tarea específica de la comunidad latina aquí. Estos pastores pasan por los mismos ajustes culturales y los mismos problemas de adaptación que cualquier otro inmigrante. Esto les facilita identificarse con la situación de otros inmigrantes, pero esto puede limitar su efectividad si es que no se les capacita para entender lo que les está pasando y las diferencias entre ministrar entre latinos en este país y ministrar en América Latina.

> El pastor latino inmigrante necesita saber que lo que funciona en Chiapas quizás no funcione en Chatsworth.
>
> —*Jim Tolle*

Una segunda fuente importante de pastores para las iglesias latinas son los líderes laicos que se desarrollan dentro de las iglesias latinas. Estas personas tienen un fuerte compromiso cristiano y se han desarrollado dentro de la vida de la iglesia. Por lo general tienen sus empleos o empresas y sus familias. También, muchos de ellos no tienen mucha educación formal. Esto dificulta capacitarlos por medio de sistemas de educación teológicos tradicionales estadounidenses. También algunas denominaciones limitan las oportunidades de ministerio de personas que no tienen mucha educación formal. Esto crea situaciones en las cuales personas con fuerte llamado, compromiso e impacto en la comunidad latina nunca pueden ser ordenados y plenamente reconocidos por sus denominaciones.

La fuente tradicional para buscar líderes en el contexto estadounidense han sido los jóvenes que se capacitan desde temprana edad para el ministerio como vocación y profesión. Las iglesias latinas también han identificado a jóvenes para el ministerio. Sin embargo, el resultado para las iglesias latinas muchas veces ha dependido del lugar en que se capacitan. Jóvenes latinos que han ido a seminarios tradicionales muchas veces han terminado desubicados con relación a la comunidad latina. Los institutos bíblicos latinos han tenido más "éxito" en capacitar a jóvenes para el ministerio latino, aunque casi siempre han terminado con un diploma o título no acreditado.

Estas fuentes de líderes latinos también han producido personas que ministran más allá de la comunidad latina. Al ir reclutando futuros pastores y líderes las iglesias latinas también necesitan tomar en cuenta la importancia de identificar a hombres y mujeres de la comunidad cuyos ministerios se van a desarrollar más allá de la comunidad latina. La iglesia latina no sólo está produciendo líderes para sus iglesias. También está mandando a sus líderes a servir más allá.

Los tipos de líderes que necesitamos

La pastora latina ideal tiene un claro sentido del llamado divino y ha demostrado en la vida de la iglesia. Es completamente bilingüe (oral y escrito), entiende las complejidades de la comunidad latina, tiene capacidades para relaciones interculturales y tiene experiencia

Los pastores latinos tenemos que ser mil usos. Necesitamos saber un poco de todo porque se nos pide contestar preguntas y responder a las necesidades de la gente siendo abogados, contadores, médicos, expertos en inmigración. Creo que el líder latino necesita entender lo que está pasando más allá de la iglesia y la Biblia. Se necesita exponer a lo que existe en la comunidad y desarrollar relaciones con los recursos comunitarios. Necesita tener una perspectiva amplia de su ministerio.

—*James Ortiz*

transnacional. Tiene una formación teológica que incluye conocimiento bíblico, teológico, ministerial y transcultural, entiende la importancia de que la iglesia sea misional y que sepa ministrar en medio de cambios de un mundo globalizado. Necesita ser una persona dispuesta a vivir entre el pueblo para ministrar en forma encarnada.

Por supuesto, el problema con los ideales es que son exactamente eso, ideales hacia los cuales se apunta, reconociendo que difícilmente se puede llegar a todos ellos. Sin embargo, el ideal apunta a varias cosas. Por un lado, existen muchas personas que cuentan con muchas de estas capacidades, pero que no se les reconoce plenamente lo que pueden hacer. Por otro, el ideal nos apunta a las necesidades reales de la comunidad y al reto de capacitar a personas para poder ministrar en esa complejidad.

El reto es identificar a los líderes y también capacitarles para servir en un contexto donde tendrán que hacer un poco de todo. Quien no esté lista a ser una "mil usos" difícilmente podrá ministrar eficazmente dentro de la comunidad latina.

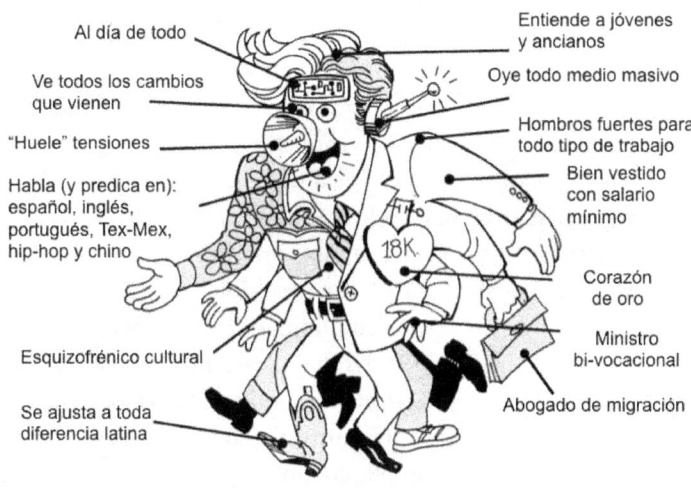

Cuadro #5
Pastor latino perfecto

Históricamente los pastores latinos se han capacitado en unas tres diferentes maneras o en una combinación de las tres. Muchos de los pastores han sido formados en la práctica del ministerio, con alguna mentoría, pero nunca han recibido una capacitación formal. Algunas de estas personas tienen educación formal en otras áreas, pero muchos son autodidactas. Este tipo de pastor está buscando capacitarse "en camino" a través de seminarios, talleres y otros medios no formales.

También hay pastores capacitados en los seminarios de los Estados Unidos. Por lo general estas personas pastorean iglesias que requieren la maestría en divinidades para la ordenación. Estas personas tienen un alto nivel educativo, siendo que casi todos los seminarios requieren un título académico (B.A. o licenciatura) y alto conocimiento del inglés. Algunas denominaciones proveen becas para el estudio en el seminario. Pero el costo y los requisitos previos han limitado el número de latinos que se gradúen de los seminarios. Otra dificultad ha sido que son pocos los seminarios que han tenido programas o materias que capaciten a estas personas para los retos específicos del ministerio en la comunidad latina. También se ha desarrollado cierta desconfianza entre los líderes latinos que han estudiado en los seminarios estadounidenses y los que no tienen esa formación a tal punto que algunos de los que han estudiado en seminarios estadounidenses han encontrado barreras para ministrar en la comunidad cuando regresan.

> Desde mi punto de vista, muchos y muchas de nosotros estamos recibiendo nuestra formación como líderes y reconocimiento fuera de las iglesias latinas. Después, regresamos como hijos pródigos para contribuir lo que hemos aprendido—pero no siempre nos encontramos bienvenida.
>
> —*Alexia Salvatierra*

Un grupo más pequeño se ha capacitado en seminarios en América Latina. Vienen con una formación bíblico-teológica sólida, pero han sido formados para ministrar en un contexto algo similar, pero diferente. Pueden cumplir con los requisitos denominacionales para ser ordenados, pero tienen que lidiar con los problemas de cualquier otro pastor inmigrante al ministrar en este país.

Ministrando hoy y mañana

Muchos de los pastores en las iglesias latinas han sido formados en institutos bíblicos no acreditados, particularmente los pentecostales o los de iglesias independientes. Los institutos varían mucho de nivel académico y calidad de formación. Algunos tienen programas muy sólidos y ofrecen muchas oportunidades formativas. Otros tienen programas muy limitados y niveles académicos muy inferiores. Los institutos bíblicos tienen la ventaja de que pueden ser mucho más flexibles con relación a los requisitos académicos previos que requieren de los estudiantes como también con los modelos de entrega. Muchos se ajustan muy bien a las necesidades específicas de sus estudiantes y son económicos con relación al costo de programas más formales. Es por eso que tantas personas participan ellas.

Sin embargo, los institutos bíblicos presentan varios retos particularmente con relación a la acreditación. Al no ser parte de organizaciones acreditadoras sus diplomas y títulos no tienen reconocimiento académico, algo que limita el valor de los mismos más allá de la vida de la iglesia. La falta de acreditación también limita las oportunidades para que estos programas tengan un proceso de evaluación para asegurar la calidad de la educación.[39]

Los retos de la formación se hacen más complejos al tomar en cuenta a los pastores inmigrantes que fueron capacitados en América Latina. Estas personas reflejan toda la variedad que ya se mencionó, pero tienen el reto adicional de venir con una formación que los capacitó para ministrar en un contexto muy diferente al de la realidad latina en Estados Unidos. También luchan con el hecho de que los sistemas de formación en América Latina son muy diferentes y no siempre es fácil "traducir" el reconocimiento académico para los que desean seguir con sus estudios teológicos en este país.[40] Otro tipo de reto que confrontan los pastores inmigrantes es una que ya mencionamos; están luchando con su propia adaptación al país al mismo tiempo que están tratando de acompañar a otros en la misma lucha.

Al seguir creciendo la comunidad latina, sigue creciendo el reto de capacitar a suficientes pastores y líderes para las iglesias latinas. Esta necesidad está creando nuevos espacios para la capacitación de los futuros pastores. En el ámbito de los seminarios estadounidenses hay un número creciente que ha desarrollado programas para estudiantes no tradicionales, personas que no tienen títulos académicos previos o que ya tienen familias y compromisos que hacen imposible dedicarse al estudio tiempo completo o mudarse a otra ciudad para estudiar. Algunos seminarios también están ofreciendo materias o programas en español y también hay seminarios que están requiriendo el español como un "idioma de ministerio". Sin embargo, el impacto de los seminarios acreditados sigue siendo limitado. El día de hoy los latinos somos casi el 15% de la población del país, pero menos del 4% de los estudiantes en los seminarios en los Estados Unidos.[41]

También se siguen abriendo nuevos institutos bíblicos a través del país. Aunque varían en calidad y nivel académico, están respondiendo a una gran necesidad. Algunas instituciones y denominaciones han reconocido el valor de los institutos bíblicos y están trabajando para fortalecer sus programas y para ligarlos con instituciones acreditadas. Algunos seminarios y universidades están trabajando a lado de los institutos para abrirles posibilidades a los graduados para que sigan estudiando.[42]

Por otro lado proyectos como la Asociación para la Educación Teológica Hispana (AETH) y la Asociación Teológica Hispana (ATH) del sur de California están apoyando el trabajo de los institutos por medio de producir materiales, capacitar a directores y profesores y proveer sistemas de evaluación y reconocimiento, aunque no la acreditación formal. También existen unos cuantos institutos bíblicos latinos que han optado por buscar la acreditación formal. El proceso es largo y difícil, pero algunos institutos lo han conseguido.

Cualquier programa necesitará considerar qué tipo de líder

Los líderes latinos del mañana necesitarán, primero, conocer muy bien sus raíces, su cultura, su historia, entender su propia identidad, para poder ofrecer soluciones a la problemática socio-cultural de los tiempos venideros, líderes capaces de entender a su gente y aboguen por la necesidad del pueblo latino. Necesitamos líderes concientes de las complejidades de cada generación pero dispuestos a encontrar puentes que comuniquen.

—*Maribel Campos*

quiere formar. Esta decisión quedará afectada por perspectivas teológicas y denominacionales, pero también por perspectiva sobre la comunidad latina y su lugar en la sociedad estadounidense. Sin embargo, los programas de formación necesitan identificar personas que la comunidad reconoce como líderes, o futuros líderes, y que tienen un claro sentido de llamado o vocación para el ministerio. Cualquier programa que va a tener éxito tendrá que ser flexible, tomando en cuenta las particularidades de la mayoría de los latinos y de la comunidad latina. También necesitará ampliar el concepto de misión y ministerio para responder de forma integral a la realidad latina. En la mayoría de casos va a necesitar capacitar a personas para que funcionen bien en español e inglés y para que entiendan la complejidad de la experiencia latina. Eso probablemente necesitará incluir experiencia de ministerio en América Latina para las latinas nacidas o criadas en los Estados Unidos. Y un buen programa también deberá proveer de herramientas para interpretar la experiencia latina en medio de los cambios que están ocurriendo a nivel mundial y sus implicaciones para la misión de la iglesia.

> Necesitamos trabajar desde nuestras fuerzas y no lamentar nuestras debilidades. Tenemos tremendos pastores latinos que no hablan el inglés y que están haciendo muy buen trabajo.
>
> —*Walter Contreras*

También tenemos que reconocer que Dios utiliza a personas que no siempre van a tener todas las herramientas que quisiéramos que tuvieran. No nos debe asustar trabajar y apoyar a hombres y mujeres que tengan muchos limitantes, pero que tengan un fuerte compromiso con el ministerio y con la comunidad latina.

Las iglesias evangélicas latinas también tenemos que lidiar con el tema de las mujeres en el ministerio. La mayoría de nuestras iglesias son de tradiciones que afirman el ministerio de la mujer. Sin embargo, en la práctica las latinas que son pastoras han encontrado

> Definitivamente mi reto mayor es ser una pastora soltera. Confronto retos al aconsejar a hombres, a padres, a matrimonios. Reconozco que necesito conectarme con personas que tienen la experiencia del matrimonio.
>
> —*Adelita Garza*

múltiples barreras en la comunidad. Estamos listos a ver mujeres como co-pastoras a lado de sus esposos. Pero Dios está levantando mujeres como líderes principales y necesitamos repensar nuestros modelos del ministerio pastoral en la comunidad latina. Un reto particular para la iglesia latina son las jóvenes latinas solteras que se están capacitando para el ministerio y que tienen mucho que ofrecer a la iglesia. Ellas están siendo usadas por Dios. El reto será que la iglesia latina sepa recibir este don divino.

Nuevos modelos de iglesia y ministerio

La creciente diversificación que hemos estado describiendo nos invita a buscar nuevas formas de ser iglesia y de hacer misión dentro de la comunidad latina. Algunos de los modelos que se mencionan a continuación ya comienzan a utilizarse. Está por verse si éstos serán los modelos que responderán a las necesidades específicas de la comunidad. Lo que sí se debe reconocer es que estos modelos responden a situaciones reales de los latinos, situaciones que no se pueden ignorar si se quiere ministrar eficazmente en la comunidad.

Una situación que se está viendo en los movimientos migratorios latinos son personas que se mueven de sur a norte y de norte a sur varias veces en su vida. Muchas de estas personas se identifican como evangélicas y buscan ser parte de una iglesia en el lugar donde viven. Pero también tienen ligas con iglesias en más de un lugar y país. Algunas iglesias y denominaciones han desarrollado un concepto más transnacional de la iglesia en la cual se le da acompañamiento pastoral a personas no importa donde estén. Ese cuidado varía según cada situación. Algunos siguen a sus miembros hasta verlos establecidos en otra iglesia, otros mantienen una comunicación entre las iglesias y los pastores. Lo que se está desarrollando en algunos casos es una especie de *iglesia transnacional* que reconoce que sigue teniendo responsabilidad pastoral por su gente, y que, en algunos casos, ese cuidado se tiene que dar en conjunto entre varias congregaciones en más de un país. El movimiento periódico y la vivencia transnacional de muchas personas

Ministrando hoy y mañana

harán indispensable desarrollar un acompañamiento pastoral que cruce fronteras y las paredes de iglesias individuales.

Un variante de la iglesia transnacional es una *iglesia migrante*. En años pasados hubo pastores latinos que seguían a sus feligreses cuando salían en giras migratorias, mayormente por el trabajo agrícola. Hoy en día los patrones migratorios de muchas personas no son tan definidos como los que trabajan en el campo. Sin embargo, hacen falta pastores y líderes dispuestos a acompañar a personas en sus giras migratorias. Esto implica repensar el concepto de iglesia que está ligando a un sector geográfico a iglesia como ligada a un grupo de personas, no importa el lugar en que se encuentren.

Ya mencionamos que muchas iglesias latinas son multiculturales porque tienen personas de varios países y de varios trasfondos étnicos. Lo que necesita crecer el número de iglesias latinas que desarrollen un *ministerio multicultural en español*. Particularmente en las grandes urbes existe un creciente número de personas que hablan español y se relacionan con la comunidad latina, aunque su trasfondo cultural o étnico no es latino. Ya existen algunas iglesias de habla hispana que tienen miembros que no son latinos o latinoamericanos. Se necesitan iglesias que vean esto como su ministerio y comiencen a crear puentes con personas de otras etnias, utilizando el español como idioma principal de comunicación.

También ya existen muchas iglesias latinas que son bilingües, o que traducen los cultos o tienen cultos separados en los dos idiomas. Otras iglesias latinas utilizan formas de "espanglish" o "Tex-Mex" en sus cultos. Hacen falta más iglesias que utilicen los dos idiomas sin formalmente traducir entre uno y otro. Muchos latinos habitan un mundo lingüístico en que utilizan los dos idiomas sin pensarlo. Es importante desarrollar cultos, estudios bíblicos y programas *sin distinción de idioma* que reflejen la realidad vivida de mucha de nuestra gente.

La comunidad latina también necesita de investigadores que sigan analizando y describiendo las crecientes complejidades de la comunidad latina. Al seguir viendo las variedades y diferencias dentro de la comunidad será necesario pensar en nuevas maneras de compartir la buenas nuevas del evangelio dentro de la comunidad latina.

Cultura, idioma y el ministerio latino

Como hemos mencionado anteriormente, los latinos no tenemos una sola visión de cómo debemos ser parte de la sociedad estadounidense. Esto suscita preguntas sobre el ministerio latino y el lugar de la iglesia latina a largo plazo en los Estados Unidos.

Algunos anticipan que con el tiempo la comunidad latina se asimilará estructuralmente dentro de la cultura mayoritaria. Para estas personas la iglesia latina es una especie de puente para los inmigrantes en lo que ellos o sus hijos se incorporan plenamente en la cultura mayoritaria. Para estas personas la iglesia latina tiene un papel importante en el ministerio, pero creen que siempre será entre inmigrantes y que uno de sus papeles es ayudar a los inmigrantes a incorporarse plenamente a la sociedad estadounidense.

¿Cómo se identificaran la mayoría de las iglesias con el paso del tiempo? ¿Pensaremos entonces en iglesias que están formadas tanto por inmigrantes como por personas de 2nda y 3ra generación? ¿Tendremos iglesias netamente de origen Latino de 2nda y 3ª generación pero que son angloparlantes? ¿O será que la mayoría de personas de 2nda y 3ra generación se incorporarán a iglesias angloparlantes contribuyendo así a la diversidad del Cuerpo de Cristo en el contexto de la cultura dominante?

—*Sofía Herrera*

Mi convicción es que luchar para que las iglesias permanezcan latinas, como lo hicieron otros grupos étnicos, es inútil. El que quiere seguir siendo puro latino, debe volverse a su país de origen. Esto se empieza a notar ya en la primera generación de latinos nacidos en USA. Prefieren la lengua inglesa. Si nuestro afán por mantener nuestra cultura en un país extranjero, hace que nuestros hijos se alejen de la Iglesia, no hemos ganado nada. Debemos dejar que las cosas corran su curso natural.

—*Juan Carlos Ortiz*

Otros anticipan que seguirá existiendo una realidad latina definida en los Estados Unidos a largo plazo. La cultura latina ha existido en los Estados Unidos desde el tiempo de la conquista del suroeste y seguirá existiendo. Para estas personas existe una sub-cultura latina que se seguirá abriendo espacio en el país. Desde esta perspectiva la iglesia latina es uno de los agentes culturales de este proceso. La iglesia es agente cultural y no le debe dar miedo ser parte de este proceso.

También existen aquellos que anticipan que se necesitarán iglesias latinas a largo plazo, aunque sea por causa de la inmigración constante. Estas personas anticipan que habrá latinos que se asimilan estructuralmente, pero que también habrá otros que se seguirán identificando con la cultura latina.

Cada una de estas perspectivas se acerca a los temas de cultura e idioma de una forma algo diferente, en particular con relación a los niños y jóvenes. Los primeros están persuadidos de que el español y la identificación cultural es asunto de una o dos generaciones, así que el ministerio se hace en un contexto cultural y lingüístico en transición. Los otros dos asumen un contexto más complejo en que se seguirá viviendo entre culturas e idiomas. La diferencia

---

La iglesia que se resista a aceptar el uso del inglés dentro de sus diferentes ministerios está destinada a perder una generación. Especialmente cuando nuestros hijos, quienes a pesar de observar muchas de nuestras costumbres y tradiciones, se comunican mejor en el idioma inglés. Sin embargo la constante llegada de nuevos inmigrantes hispanohablantes, manteniendo un número significativo de inmigrantes de primera generación, requiere mantener un balance donde se pueda ministrar sea en inglés o español. Lamentablemente, el limitar la iglesia hispana a sólo ministrar en español, también limitará la capacidad de ésta para extenderse más allá de un segmento de la comunidad.

—*José García*

Con respeto a los idiomas yo creo que debemos luchar por mantener el español que es nuestro idioma Natal. Busco dentro de la iglesia que los hermanos adultos aprendan inglés y que sus hijos aprendan español. Nuestros servicios son en español y a veces hay hijos de hermanos latinos que poco entienden el idioma de Cervantes; busco que lo aprendan. Pienso que debemos convivir con los dos idiomas y hasta con el spanglish.

—*Luis Hernández*

principal entre las últimas dos perspectivas mencionadas es su entendimiento del papel de la iglesia en el asunto. Unos creen que la iglesia debe jugar un papel protagónico en el proceso reconociendo su papel como agente social en los Estados Unidos. Los últimos ven a las iglesias latinas respondiendo en reflejo a lo que está pasando y no tanto siendo protagonistas en la complejidad cultural y lingüística.

Es interesante notar que todas estas perspectivas asumen un papel a mediano o largo plazo para la iglesia latina en los Estados Unidos. No concuerdan con lo que debe ser ese papel, pero todos reconocen que la iglesia latina tiene un ministerio importante que seguirá por un tiempo indefinido.

Más allá de la comunidad latina

Si los latinos hemos de ser sujetos de misión eso significa que también necesitamos pensar en misión más allá de la comunidad latina. La misión divina también se debe cumplir por las iglesias evangélicas latinas. Las iglesias latinas no tienen muchos recursos, pero tienen algunas ventajas importantes. Por un lado, tienen un fuerte sentir de la presencia y obra divina. Mientras no pierdan eso de vista evitarán la trampa de olvidar que la obra es de Dios y que nosotros nos unimos a lo que Dios ya está haciendo. Otra ventaja clara es que la obra se hará "desde abajo". Siendo que la misión no se hace desde el poder habrá

> Los latinos cristianos evangélicos estamos viviendo en el fuego de nuestro primer amor, y este es un fuego que no se nos apaga. El latino tiene las características emocionales para darlo todo por Cristo y los rasgos étnicos para ir donde las puertas ya se las han cerrado al angloamericano.
>
> —*Alberto Mottesi*

> No es raro que actualmente se sepa de misioneros latinos impactando el mundo, sino también que la teología latinoamericana está despertando a la teología "gringa". Creo que sería hasta sano invitar a ministros y miembros "gringos" a nuestros servicios, para que sientan el sabor del Espíritu en medio nuestro.
>
> —*René Molina*

menos tentación de identificar el mensaje del evangelio con las particularidades de las culturas latinas. La falta de poder político también ayuda a desligar el mensaje del reino de cualquier sistema político humano. Las latinas también son personas que hemos aprendido a vivir entre varios contextos y la adaptación cultural. Esto facilita poder encarnarse en otros contextos culturales. Si ponemos un reto misional y transcultural ante nuestros jóvenes biculturales y bilingües podemos anticipar que algunos de ellos recibirán un llamado divino para utilizar lo que ya tienen más allá de las fronteras de nuestra comunidad.

Existen varias oportunidades inmediatas de misión más allá de la comunidad. En primer lugar están los grupos minoritarios dentro de la comunidad latina cuya presencia muchas veces es completamente ignorada por las iglesias latinas. Las comunidades indígenas de América Latina han sido maltratadas en el sur y su identidad ha sido ignorada y hasta pisoteada por algunas iglesias latinas. También existen varias etnias pequeñas de los diferentes países del continente cuya presencia en los Estados Unidos es desconocida para la gran mayoría de latinos. Muchas de estas personas sienten el dolor del desprecio o el desconocimiento de parte de la comunidad latina en general. Nuestro primer campo misionero nos llama al arrepentimiento y al compromiso divino con los marginados, olvidados y oprimidos.

La mayoría de latinos viven en comunidades donde hay personas de otros grupos étnicos y muchos viven en comunidades con muchas mezclas culturales. Las iglesias latinas pueden

> El gran desafío para los nuevos líderes es cruzar líneas étnicas y culturales para desarrollar ministerios en los que hay un énfasis y una visión de una iglesia que refleje más el reino.
>
> —*Pablo Anabalón*

> Un líder cristiano resonante es uno que se lanza forjando sendas en territorios desconocidos, inspirando a los demás a enfrentar nuevos desafíos y suscitando esperanza en medio del temor y el desaliento . . . Facilitaremos y produciremos oportunidades para que el cuerpo de Cristo 'multicultural' y 'multiétnico' se reúna a fin de adorar, convivir y jugar juntos en el nombre de nuestro Señor Jesucristo.
>
> —*Oscar & Karla García*

comenzar un proceso misionero por medio de crear puentes con esas comunidades. Siendo que algunas congregaciones latinas tienen sus propios edificios o lugares de reunión ellos podrían buscar establecer iglesias multi-congregacionales en las cuales se utilizan los recursos de la comunidad latina para bien de todos. También pueden comenzar a relacionarse juntos para responder a las necesidades que confronta toda la comunidad.

En muchos centros urbanos nuestros jóvenes se están casando con jóvenes de otras etnias. Muchas veces la iglesia latina ha contado a estos jóvenes como "perdidos" para la iglesia latina. Es tiempo de comenzar a verlos como puentes para desarrollar ministerios con un fuerte componente multicultural. Dada la flexibilidad de la cultura latina, las iglesias latinas pueden integrar a estas personas a sus congregaciones y ampliar su ministerio. Estos matrimonios también podrían servir de puentes entre congregaciones de varios trasfondos étnicos.

Las iglesias latinas también necesitan ser parte de la misión de Dios a través del mundo. Algunas ya lo están haciendo a través de apoyar proyectos de misión en América Latina. Es tiempo de un compromiso de misión que vaya más allá. Ya se comienzan a organizar proyectos de misión dirigidos y financiados por latinos. Al seguir creciendo en este tipo de

> Necesitamos ser líderes misionales que traemos la consciencia de Dios a nuestras comunidades, particularmente a los hispanos en nuestras comunidades. Si alcanzamos a otros grupos étnicos en la red, gloria a Dios.
>
> —David Castro

> En el pasado fuimos naciones que eran un campo misionero. Es alentador que en el presente, millares de hispanos habiendo cumplido el proceso de discipulado están llegando a ser parte de la fuerza misionera mundial, saliendo ellos a reproducir el ministerio de Jesús en otras naciones de la tierra.
>
> —Jorge Sánchez

> Soñamos que nuestros estudiantes y graduados, como los miembros de nuestra iglesia, sean los discípulos del siglo XXI que "trastornarán el mundo" para la gloria del Padre.
>
> —Eduardo Font

compromiso podremos decir, con plena integridad, de que somos sujetos de misión.⁴³

Factores por definirse

Si tomamos en serio el concepto de que vivimos en medio de cambios discontinuos, entonces tenemos que reconocer que no podemos definir con seguridad el futuro de la comunidad latina en los Estados Unidos. Como se mencionó anteriormente todo parece indicar que la comunidad seguirá creciendo y diversificándose. Sin embargo, existen varios factores que probablemente afectarán a la comunidad latina y su papel dentro de la realidad estadounidense. Leer las señales de los tiempos implicará estar atento a como se desenlazan los siguientes factores (y muchos otros).

Situación en América Latina

Los latinos en los Estados Unidos estamos íntimamente ligados a América Latina, como también lo está el resto del país. Cualquier cambio en las relaciones entre Estados Unidos y América Latina tendrá un efecto sobre la realidad latina. Muy particularmente se necesita estar al tanto de cambios políticos, sociales o

¡Pobre México!
¡Tan lejos de Dios
y tan cerca de
los Estados Unidos!

—*Porfirio Díaz*

económicos en México, Centroamérica o el Caribe. Muchos están en anticipación de la muerte de Fidel Castro y el fin del sistema socialista en Cuba. Cualquier cambio abrupto probablemente creará inestabilidad en la isla y tensiones entre los de la isla y los cubanos del exilio. También es muy probable que un evento de este tipo cause una ola migratoria de la isla hacia los Estados Unidos.

Varios de los países de Centroamérica dependen en gran manera de las remesas que mandan sus ciudadanos desde los Estados Unidos, y en menor escala, de otras partes del mundo. Cualquier cambio en este arreglo podría crear inestabilidad en los países centroamericanos, que crearía más presión para la emigración hacia los Estados Unidos. En este momento no se perfila una solución a la situación socio-económica en Centroamérica que no implique la continuación de un flujo migratorio y financiero bi-direccional entre los Estados Unidos y Centroamérica. Las elecciones presidenciales en México en el 2006 causaron cierta inseguridad en algunos segmentos de los Estados Unidos porque casi ganó un candidato de izquierda y dicho candidato acusó a las autoridades de haber manipulado los resultados para que ganara el candidato de derecha. Esta situación dejó en claro que las relaciones entre los Estados Unidos y México son claves al pensar sobre el futuro de la comunidad latina. Dos tercios de todos los latinos en los Estados Unidos tienen raíces en México (o en el suroeste que fue parte de México) y es desde México que emigra el grupo más grande de personas indocumentadas. Las economías de estos dos países están muy ligadas a través del Tratado de Libro Comercio. Las zonas fronterizas dependen directamente del movimiento de personas y comercio en las dos direcciones. Y es desde México que viene mucho de la cultura popular que fortalece la identidad latina en este país.

La estabilidad o inestabilidad política y económica mexicana afectará el flujo migratorio hacia el norte. Siendo que varios segmentos de la economía estadounidense dependen de la mano de obra mexicana inmigrante cualquier cambio en las relaciones entre estos dos países tendría fuerte impacto sobre de los dos lados de la frontera, como también sobre los mexicanos y méxico-americanos en los Estados Unidos.

También se necesita estar al tanto de los cambios políticos y económicos en otras partes de América Latina. Estados Unidos ha servido como válvula de escape para cualquier inestabilidad latinoamericana. Siendo improbable que cambie esta relación entre el sur y el norte es muy probable que siga el flujo migratorio desde los países de Latinoamérica hacia el norte con las implicaciones para la comunidad latina y el ministerio entre latinos.

Ministrando hoy y mañana

Cambios en Puerto Rico

La situación política de Puerto Rico y su relación con los Estados Unidos es única. Se utiliza la categoría de Estado Libre Asociado para describir una relación en la cual Puerto Rico ni es estado, ni colonia, ni país independiente. Los puertorriqueños son ciudadanos estadounidenses, pero no tienen representación directa en el congreso ni pueden votar para el presidente. Se ha cuestionado este estado intermedio y se han hecho algunos esfuerzos por cambiarla. Pero al momento no parece haber un camino claro hacia el futuro.

Cualquier cambio en esta relación tendría implicaciones para la comunidad latina en los Estados Unidos. Si Puerto Rico llegara a ser estado de los Estados Unidos probablemente implicaría un papel "oficial" para el idioma español, algo que fortalecería el uso del español a través del país. Por otro lado, si Puerto Rico fuera a hacerse un país independiente, algo que parece altamente improbable, eso afectaría el estatus legal de los puertorriqueños que radican en los Estados Unidos. Mientras se mantenga la misma relación entre Puerto Rico y los Estados Unidos se puede esperar un movimiento constante de personas desde la isla.

Cambios en las leyes migratorias

Al estar escribiendo este libro se ha estado debatiendo una ley de reforma migratoria en los Estados Unidos. La propuesta que ha estado sobre la mesa incluye un proceso de legalización de los indocumentados que ya están en el país, un plan para trabajadores temporales y dinero para tratar de cerrar la frontera y de limitar el ingreso de inmigrantes en el futuro. También se ha estado considerando un cambio en las normas para decidir quien debe tener derecho a conseguir una visa de permanencia o de trabajo en el país.

Sea como sea que termine ese proceso, un asunto sí está claro, los cambios en las leyes migratorias afectarán a la comunidad latina. Si fuera a prevalecer un espíritu anti-inmigrante las iglesias latinas se podrían ver afectadas adversamente. Ese espíritu se pudiera enfocar contra instituciones latinas, particularmente las de habla hispana. Pero aunque no se de se tipo de reacción, las iglesias latinas se quedarían con el dilema de cómo ministrar a la gente indocumentada que ya es parte de sus iglesias, o que llegaría a buscar ayuda. Las iglesias tendrían que decir si irse contra la ley para apoyar a su gente o rehusar dar ayudar y así evitar problemas legales, pero no servir a la comunidad.

Si por otro lado, si se legaliza a los indocumentados y se desarrolla un plan de visas temporales de trabajo, esto les abre un campo nuevo de ministerio a las iglesias. Después de la amnistía de 1986 muchas iglesias ayudaron a los indocumentados a completar su papelería, algo que probablemente harían de nuevo. Las iglesias también tendrían que considerar su ministerio hacia las personas que vendrían al país con visas de trabajo desde América Latina.

Pero si la situación sigue como está, sin ninguna resolución para la población indocumentada, esto implica otro tipo de ministerio entre personas que viven en las sombras y el temor. Se puede anticipar que se seguirá debatiendo este tema mucho más allá de la aprobación de alguna ley específica. El trabajo de las iglesias latinas quedará afectado no importa la dirección que tome el país con relación al tema.

> Aquí siempre habrá una corriente constante de recién llegados, a pesar de todos el ruido del presente. Esto ofrece la oportunidad de seguir plantando más iglesias y de extender el crecimiento del reino entre los hispanos.
>
> —*Jorge Sánchez*

Migración masiva de otro contexto

En este momento la migración más grande hacia los Estados Unidos viene de América Latina. Pero si fueran a cambiar las leyes o los patrones migratorios eso también podrían afectar las relaciones interculturales y el papel de la comunidad latina en el país. Los cambios en las relaciones comerciales mundiales podrían crear cambios en los patrones migratorios, particularmente desde Asia.

Si se fueran a dar cambios migratorios significativos eso implicaría cambios misionales para la iglesia latina.

Fuertes reacciones anti-latinas

Las relaciones entre la comunidad latina y la población mayoritaria del país siempre han sido complejas. En los últimos años la población mayoritaria ha tomado varias acciones para "limitar" la influencia cultural latina que es vista, por algunos, como una amenaza a la cultura mayoritaria. Se han aprobado leyes contra la educación bilingüe, contra del uso del español en espacios públicos, contra los derechos de los indocumentados, contra el uso de servicios sociales por personas que no son ciudadanas y leyes similares.

Por otro lado, sigue creciendo la influencia de la cultura latina en el país. Las sub-culturas latinas están influyendo sobre la cultura mayoritaria, no solo están siendo cambiadas por lo mayoritario. También está creciendo el interés en lo latino entre personas no latinas. Está por verse si las actitudes anti-latinas crecen a tal punto de crear una fuerte reacción contra la comunidad latina. De darse tal situación las iglesias se verían en necesidad de responder ante este reto. Por otro lado, las iglesias latinas pueden ser proactivas en crear puentes con la comunidad mayoritaria para crear un ambiente más positivo entre nuestras comunidades.

Aceptación del español

Estados Unidos no tiene una idea clara del lugar del español en la vida nacional. Por un lado sigue creciendo el uso del idioma. Los medios masivos en idioma español tienen una influencia creciente a través del país y están recibiendo la inversión de aquellas personas que desean tener influencia sobre el creciente mercado latino.

Al mismo tiempo existen varios esfuerzos por limitar el lugar del español en la vida pública, incluyendo esfuerzos por declarar el inglés como idioma oficial del país. También está por verse si los latinos tomarán pasos en forma unida por defender el lugar el español en la vida de la comunidad. Por otro lado, no está claro que influencia podría tener algún dialecto del español, como el "espanglish". En este momento se ve un crecimiento en el uso del español. El crecimiento o decrecimiento del uso afectará el ministerio de la iglesia latina.[44]

Influencia de las sub-culturas juveniles latinas

Muchos jóvenes latinos están apoyando la cultura latina popular. Están escuchando música en español y por artistas latinos y están participando en sus conciertos. Existe un mercado creciente para la producción cultural latina y la cultura popular en español. Por supuesto que la juventud latina también está apoyando la cultura popular en inglés y las influencias culturas de otros grupos minoritarios. Si los jóvenes siguen identificándose con la cultura popular latina servirán como la base para una ampliación de la influencia y el lugar de lo latino en el ámbito nacional. Por otro lado, si la juventud latina fuera a rechazar la cultura latina podría tener implicaciones para el futuro de una identidad latina en el país.

Ninguno de los factores que hemos visto traerá cambios fundamentales en la realidad latina por sí mismos. Pero cada uno puede servir como una posible señal de cambios en el ambiente. Un cambio profundo en un conjunto de estos factores podría afectar el ministerio latino y la identidad latina en los Estados Unidos a largo plazo. Los pastores y líderes latinos deben estar atentos a estos cambios para responder eficazmente a las realidades de la comunidad.

6

Sueños y visiones

La iglesia evangélica latina tiene un futuro importante en los Estados Unidos. Tiene un papel que jugar en medio de los grandes cambios que están ocurriendo en nuestro país. Una de las maneras de pensar y soñar sobre ese futuro es por medio de metáforas o imágenes que nos ayudan a reflexionar sobre el cumplimiento de su misión en la comunidad latina y más allá. Cada una de estas imágenes apunta hacia un aspecto clave de cómo puede ser lo que Dios quiere que sea la iglesia latina. También nos animan a ver más allá y considerar el papel de la iglesia evangélica latina en el proyecto divino a través del mundo.

> Nosotros entendemos que Dios ha traído al pueblo latino a los Estados Unidos de Norte América con un propósito redentor. La comunidad latina no sólo viene a modelar a un país en decadencia moral y espiritual los valores familiares y religiosos que nos distinguen, sino también como recordatorio al pueblo de su avaricia, tendencia a la opresión y a forzarlos a reexaminar su propio etnocentrismo.
>
> —*Roberto Colón*

Imágenes de la iglesia latina en misión

Las iglesias latinas están creciendo en su compromiso hacia la misión divina. Seguimos ampliando nuestro entendimiento de lo que Dios quiere de nosotros dentro de la comunidad latina, en la sociedad estadounidense y en el mundo. Cada imagen que presentamos a continuación apunta a una verdad clave de lo que podemos ser para gloria de Dios en Cristo Jesús.

Comunidad/familia

Una necesidad crucial en la comunidad latina es el apoyo comunitario y familiar. Vivimos en una sociedad individualista y mucha de nuestra gente se está perdiendo en este contexto. Dios no nos ha llamado a caminar solos y los intentos por hacerlo están produciendo mucho daño personal y social.

Muchas iglesias latinas han captado el concepto de la iglesia como familia o comunidad. Las iglesias son lugares donde personas alejadas de sus familias y círculos comunitarios pueden encontrar apoyo y relación. Las iglesias ya sirven como puntos de encuentro y lugares en que personas necesitadas pueden encontrar ayuda para sus necesidades espirituales, sociales, físicas y emocionales. Estas iglesias también estas trabajando para caminar con familias deshechas y por fortalecer a las familias que están funcionando bien.

Lo importante es llevar ese concepto a un siguiente nivel. Necesitamos utilizar esta imagen para fortalecer el concepto de compromiso mutuo, donde nos apoyamos en el camino de la vida hacia el reino eterno. La comunidad necesita ser un lugar de encuentro y conexión, pero también de interpretación. Ha de ser un espacio donde tenemos el sentir de apoyo, como también el espacio y libertad para crecer hacia todo lo que Dios quiere para cada miembro.

> Creo que el progreso de la iglesia hispana en los Estados Unidos dependerá de un esfuerzo premeditado e intencional estudiando, preparándonos e imitando el ejemplo de Cristo, *que se despojó a sí mismo, tomando forma de siervo, hecho semejante a los hombres* (Filipenses 2:7).
>
> —*José García*

Las comunidades también necesitan tener un sentir contracultura. Debemos proclamar los valores del reino, valores que nos pondrán en tensión con una sociedad que impulsa el individualismo y la privatización. Eso implica formar a personas con un sentir claro de quienes son ante Dios, pero también que puedan servir a la manera de Cristo. Necesitamos formar personas que sean parte de una comunidad transformadora, una familia que llama a la transformación en Cristo y que busca ser parte de la transformación divina en nuestra sociedad. Los valores tradicionalmente latinos de familia y comunidad ofrecen esperanza a muchas personas que se sienten solos y perdidos. También ofrecen una alternativa para aquellas personas atrapadas en la cultura de consumo individualista. Necesitamos enseñar y practicar una alternativa que enfatiza los valores divinos y el hecho de que lo material y la avaricia no son lo más importante en la vida. La iglesia como comunidad y familia nos plantea una imagen de lo que puede ser y hacer la iglesia en su mundo. La iglesia latina puede ser una parte importante de fomentar esa visión alternativa en nuestra sociedad.

> Se dice que los misioneros ya no vienen del primer mundo; llegan al primer mundo. El primer mundo está perdiéndose, tragado por el materialismo y la avaricia que traen consecuencias terribles para los vulnerables, los pequeñitos que encarnan a Cristo. Los misioneros del tercer mundo (y sus hijos y nietos que recuerdan sus historias) tienen una misión profética de despertar al primer mundo a las realidades espirituales y los valores eternos.
>
> —*Alexia Salvatierra*

Puente

La función principal de un puente es conectar para que haya movimiento en dos direcciones. La iglesia latina puede visualizar su misión en términos de un puente, primero entre Dios y la humanidad. Nosotros tenemos el mensaje de esperanza en Cristo Jesús, mensaje que ofrece reconciliación y una relación reestablecida con Dios. Necesitamos proclamar con valor el mensaje de esperanza y conversión entre tantos que urgentemente necesitan el toque de nuestro Dios.

Pero, este mensaje de reconciliación y relación también tiene aplicación para las relaciones humanas. La iglesia latina puede ser puente para jóvenes latinos confundidos con su identidad y su relación con la cultura mayoritaria. Como ya mencionamos anteriormente, la iglesia tiene la manera de servirles a sus jóvenes para que puedan fortalecer su identidad como creyentes latinos al mismo tiempo que cruzan puentes entre sus identidades polifacéticas para responder al futuro con esperanza.

Una iglesia latina puente puede ayudar a personas a caminar entre las culturas latinas y las otras culturas de este país en un ambiente de seguridad y acompañamiento. Tenemos las conexiones con nuestros hermanos y hermanas en iglesias de otras culturas. Podemos soñar con iglesias latinas que conscientemente buscan ser puentes, creando relaciones de confianza con otras iglesias en las que se pueda cruzar, celebrando nuestras diferencias y buscando crear puentes de unidad.

> A mí me gustaría soñar con una iglesia latina que educa y ama a sus jóvenes, entrena líderes para el futuro y guarda y comparte su cultura, no por orgullo, sino porque es algo bueno que tiene que compartir.
>
> —Danny Martínez

La iglesia latina también puede ser puente de reconciliación entre algunos de nuestros pueblos latinoamericanos que tienen siglos de antagonismos. Es aquí que muchos latinos están "descubriendo" la injusticia contra los pueblos indígenas y la marginalización de otros pueblos en América Latina. La iglesia puede ser puente de reconciliación entre personas aquí. Pero también puede hacer parte de su misión el ser puente entre los pueblos alienados del continente.

También puede trabajar para crear puentes entre las comunidades latinas y otros grupos minoritarios en este país. Muchas de nuestras iglesias, particularmente en centros urbanos, están en los lugares de más tensión interracial. Si tenemos la visión de ser puente podemos crear relaciones con iglesias y líderes de nuestra comunidad para fomentar mejores relaciones entre las comunidades étnicas de nuestros vecindarios.

Un último puente importante es el que se necesita fortalecer entre los Estados Unidos y América Latina. El futuro de todos los países del continente está ligado. Los creyentes latinos que tienen un pie en cada lugar podrían servir de puente para lidiar con los problemas históricos y los malos entendidos que se han hecho una parte "normal" de las relaciones regionales. De cada lado del Río Grande (o Río Bravo) existen actitudes y perspectivas parcializadas que limitan la posibilidad de crear el tipo de relaciones que nos ayuden a caminar juntos hacia el futuro. Creyentes latinos bien capacitados pueden servir de intérpretes de la realidad para que los dos lados puedan conocer mejor las esperanzas y los temores de nuestros pueblos en el norte y el sur.

Impulsador

La sociedad estadounidense ha limitado y clausurado el lugar de muchas personas latinas. Muchas mujeres han vivido las limitaciones de un contexto que les cierra oportunidades, tanto por ser mujeres como por ser latinas. También vemos las maneras que nuestra sociedad clausura las oportunidades para personas con poca educación formal, los indocumentados y tantos otros. La iglesia puede servir como un cohete de propulsión que impulsa a estas personas hacia nuevas oportunidades y esperanzas.

> Consideramos que la comunidad latina ocupa un lugar primordial dentro del plan redentor, en virtud de ser ésta una comunidad marginada y oprimida. En este contexto, cobra relevancia el programa trazado por Nuestro Señor Jesucristo en el evangelio de Lucas 4:18-19.
>
> —*Saúl & Rosamaría Maldonado*

Por un lado las iglesias pueden seguir abriendo espacios dentro de los ministerios y el liderazgo. Nuestra gente necesita oportunidades donde se puede desarrollar como personas y como líderes. La sociedad estadounidense va a tener la tendencia de cerrar espacios, en vez de abrirlos. Al servir a otros en la iglesia, nuestra gente clausurada gana la confianza y auto-estima necesarios para poder abrirse espacios en otras áreas de sus vidas. Las iglesias también pueden ser lugares que animan el desarrollo de personas, que les dan espacios para aprender y desarrollarse y que les busca oportunidades para hacerlo. Las iglesias también pueden ser lugares de servicio para personas cuyos dones y capacidades son ignorados en otros contextos.

La iglesia latina también puede tomar esta postura con relación a sus jóvenes. Si las iglesias toman en serio el trabajo que se describió en el capítulo anterior, podrán acercarse a la pastoral juvenil con la perspectiva de que nuestra tarea es formar, discipular e impulsar a los jóvenes hacia el futuro que Dios tiene para ellos en este país o más allá.

Un tipo de impulso muy específico que puede cumplir la iglesia latina es el envío de misioneros, pastores y obreros al mundo. La juventud que está en las iglesias latinas tiene herramientas culturales y lingüísticas claves, siendo que muchos ya son bilingües y ya saben vivir y trabajar en un contexto multicultural. Se han desarrollado en iglesias que tienen un fuerte sentir de la presencia y obrar de Dios. Siendo que crecieron en iglesias que siempre han estado al margen, les será mucho más fácil a las misioneras latinas hacer esa misión "desde abajo" que ya describimos anteriormente. Debemos identificar y animar a una generación nueva de misioneros latinos que trabajen entre nuestra gente y mucho más allá, en toda la amplitud de la misión divina en el mundo.

> El latino está diseñado para cruzar fronteras culturales, por lo tanto es uno de los pueblos privilegiados para la obra misionera, ya sea ésta nacional o internacional. El latino no sólo es un regalo económico para esta sociedad, sino también puede ser la levadura enviada a las otras comunidades de esta gran nación para leudarlas con el evangelio de Jesucristo.
>
> —*Eduardo Font*

Agente de cambio

Muchos latinos hemos vivido nuestra vida con cierta tendencia fatalista. Muchas veces he escuchado a amigos y familiares decir "así lo quiso Dios" como una manera de sencillamente reaccionar ante lo que ha pasado. Los que hemos tomado esta

> Nuestro reto tiene que ver con la totalidad de la sociedad humana; esto incluye las artes, la política, la educación, el deporte, los medios masivos. Necesitamos enviar a nuestros jóvenes a las mejores universidades de esta nación, y participar de lleno en el proceso dinámico de este país multi-étnico.
>
> —*Alberto Mottesi*

perspectiva no nos hemos sentido responsables ni activos en nuestro mundo.

El evangelio nos invita a crear otra imagen importante dentro de la iglesia latina, la de agente de cambio. Somos parte de nuestro mundo y Dios nos llama a buscar el cambio en personas, familias, estructuras, relaciones y en nuestra sociedad en general. Nuestro crecimiento implica creciente responsabilidad hacia nuestra comunidad, nuestro país y nuestro mundo. Queremos reconocer la importancia de ese papel y ser agentes del cambio que Dios quiere traer al mundo.

Las iglesias evangélicas latinas del futuro

Es claro que la iglesia latina del futuro se seguirá diversificando. Las necesidades de nuestro pueblo y de nuestro mundo demandan una variedad de modelos y visiones con relación al ministerio de la iglesia. Cada nueva generación de pastores y líderes latinos está soñando y caminando en varias direcciones a la misma vez. Las iglesias latinas seguirán creciendo como también los ministerios desde la comunidad latina que irán más allá. También seguirá creciendo el número de latinos que van a ser parte activa de iglesias no latinas. Cada nuevo reto impulsará a personas a pensar en formas nuevas sobre lo que es la obra latina y como ser fieles a la misión divina en nuestro mundo.

Nuestro lugar en la visión divina

Es claro que es tiempo de que las iglesias latinas vean más allá para actuar como parte del mundo en que Dios nos ha puesto. Eso implicar analizar el papel que debemos jugar en la comunidad latina y en la sociedad estadounidense. Nuestras iglesias necesitan reflexionar sobre el impacto que debemos tener sobre las iglesias estadounidenses en general,

> La llegada del latino a los Estados Unidos, es algo soberano de parte de Dios.
>
> —*Jaime Tolle*

como también en la sociedad mayoritaria y entre los otros grupos minoritarios del país. Debemos compartir el evangelio, de nuevo, a personas que lo han olvidado. También necesitamos invitar a nuestros hermanos de otras culturas a cuestionar y buscar cambiar aquellos aspectos de la cultura estadounidense que reflejan muerte, en vez de vida. Dios nos llama a ser un puente y agente de transformación desde nuestra realidad mestiza en este país.

También necesitamos ampliar la visión de nuestro papel en América Latina y en nuestro mundo globalizado. Hoy hay latinos y latinoamericanos en muchos países del mundo. No debemos ver eso como una mera casualidad, sino como una oportunidad que nos abre Dios para unirnos a lo que está haciendo en el mundo. Dios nos invita a ministrar desde el lugar en que nos ha puesto para luego ir mucho más allá hacia el futuro que tiene para la humanidad.

> Yo creo en el papel del latino como misionero fuera de su cultura. Este es el tiempo del latino para llevar la Palabra de Dios a todo el mundo y a todas las culturas.
>
> —Sergio Navarrete

Hacia la unidad de la iglesia

Hemos estado hablando de la realidad latina y del ministerio de la iglesia latina a través del libro. Pero nunca debemos perder de vista que Dios nos llama a reflejar la unidad de la iglesia con todos nuestros hermanos y hermanas de las culturas de nuestro mundo. Nuestro reto mayor hacia el futuro será encontrar nuevos modelos de ministerio que reflejen la unidad de la iglesia en medio de la diversidad que es la realidad humana creada por Dios. La respuesta no está en imponer una cultura sobre los demás, ni en un modelo de iglesia que justifica las divisiones humanas. Más bien, buscamos modelos de transformación que puedan ser testimonio al mundo de lo que Dios busca para toda la humanidad.

> Después de esto miré, y he aquí una gran multitud, la cual nadie podía contar, de todas naciones y tribus y pueblos y lenguas, que estaban delante del trono y en la presencia del Cordero, vestidos de ropas blancas, y con

palmas en las manos: y clamaban a gran voz, diciendo: La salvación pertenece a nuestro Dios que está sentado en el trono, y al Cordero. (Apocalipsis 7:9, 10).

Este pasaje nos presenta la visión divina de una unidad en la diversidad. La iglesia evangélica latina es un pequeño reflejo de esto, un lugar donde vemos destellos de futuro divino. Seguimos caminando hacia esa visión en que desde nuestra realidad latina podamos unirnos con otros y juntos celebrar la unidad que Dios está creando en Cristo, por el poder del Espíritu Santo que está trabajando a través de la iglesia en el mundo. Seguimos en esperanza hacia ese futuro.

Recursos para el ministerio latino

Lo que sigue es una lista de recursos que le podrán ser de ayuda en su ministerio en la comunidad latina. No pretende ser exhaustiva, sino una lista de fuentes que le pueden ayudar.

Libros anteriores sobre ministerio en la comunidad latina

Se han publicado varios libros sobre el ministerio latino en los Estados Unidos. Tres de los que han tenido más circulación han sido, en orden de aparición:

Los Hispanos en los Estados Unidos Un reto y una oportunidad para la iglesia por José Reyes (White Wing Publishing House and Press, 1985).

Hispanic Ministry in North America por Alex Montoya (Zondervan Publishing House, 1987).

The Hispanic Challenge Opportunities Confronting the Church por Manuel Ortiz (InterVarsity Press, 1993).

Varias denominaciones y movimientos han publicado literatura sobre la obra latina, particularmente para sus necesidades específicas. Este material se puede localizar por medio de las diferentes oficinas denominacionales. También varias existen páginas electrónicas que enfocan en aspectos específicos del ministerio entre latinos.

Estudios de las iglesias latinas en los Estados Unidos

Hasta la fecha no ha escrito una historia de las iglesias evangélicas latinas en los Estados Unidos. Se publicó un primer esfuerzo bajo el proyecto de CEHILA (Comisión de Estudios de Historia de la Iglesia en Latinoamérica y el Caribe) USA.

Iglesias peregrinas en busca de identidad Cuadros del protestantismo latino en los Estados Unidos editado por Juan Francisco Martínez y Luis Scott (Buenos Aires: Kairós, 2004).

Se han escrito historias denominacionales, estudios regionales y aun estudios sobre épocas específicas. Aquí está una selección introductoria:

Avance A Vision for a New Mañana por Johnny Ramírez-Johnson, Edwin Hernández, et. al. (Loma Linda University Press, 2003).

En nuestra propia lengua Una historia del metodismo unido hispano editado por Justo González (Abingdon, 1991).

Hacia una historia de la iglesia evangélica hispana de California del Sur editado por Rodelo Wilson (AHET, 1993).

Hidden Stories Unveiling the History of the Latino Church editado por Daniel Rodríguez y David Cortés-Fuentes (AETH, 1994).

Hispanic Methodists, Presbyterians, and Baptists in Texas por Paul Barton (University of Texas Press, 2006).

Iglesia Presbiteriana A History of Presbyterians and Mexican Americans in the Southwest por R. Douglas Brackenridge, y Francisco O García-Treto (Trinity University Press, 1974).

Latino Pentecostal Identity Evangelical Faith, Self, and Society por Arlene Sánchez Walsh (Colombia University Press, 2003).

Of Borders and Margins Hispanic Disciples in Texas, 1888-1945 por Daisy Machado (Oxford University Press, 2003).

Protestantes/Protestants Hispanic Christianity within Mainline Traditions editado por David Maldonado (Abingdon Press, 1999)

Protestantism in the Sangre de Cristos por Randi Jones Walker (University of New Mexico Press, 1991).

Sea la Luz The Making of Mexican Protestantism in the American Southwest, 1829-1900 por Juan Francisco Martínez (University of North Texas Press, 2006).

También se pueden encontrar estudios denominacionales de circulación más limitada. Por lo general estos estudios sólo se encuentran por medio de las oficinas particulares de cada denominación.

Información sobre los latinos en los Estados Unidos

American Immigration Law Foundation (ailf.org)
Esta organización trata muchos temas relacionados a la migración. Ellos publican estudios sobre la migración y la reforma migratoria como parte de su *Immigration Policy Center*.

Institute for the Study of Latino Religion (nd.edu/~cslr)
Este instituto de la Universidad de Notre Dame está haciendo varios estudios sobre la religiosidad latina y sobre el papel de la educación teológica en la formación de los líderes religiosos

latinos. El *Hispanic Church Research Initiative* es patrocinado por *Pew Charitable Trusts*.

League of United Latin American Citizens (lulac.org/indice.html)
Esta es una de las organizaciones latinas más antiguas del país. Su página electrónica incluye información sobre temas de interés a la comunidad latina a nivel nacional y enlaces a muchas otras organizaciones que apoyan a los latinos. También ofrece oportunidades para la participación ciudadana en asuntos que tienen impacto sobre la comunidad. [Existen muchas buenas organizaciones de este tipo en el país. Esta se utiliza como una muestra de muchas otras que le pueden ser de ayuda.]

Pew Hispanic Center (pewhispanic.org)
Este centro ha desarrollado y publicado muchos estudios sobre la realidad latina en los Estados Unidos, incluyendo los estudios sobre la religiosidad y sobre el uso de inglés y español que se citaron en el libro.

United States Census Bureau (census.gov)
La oficina del censo ha desarrollado una serie de estudios específicos sobre los latinos en los Estados Unidos. Al momento de estarse escribiendo este libro los estudios más actualizados estaban basados en las estimaciones que el censo había hecho hasta el año 2004. Vea census.gov/population/www/socdemo/hispanic/cps2004.html. La oficina del Censo actualiza esta información regularmente.

Historia de los Latinos en los Estados Unidos

Ya se han escrito varios libros sobre la historia de los latinos en los Estados Unidos. En este libro se hace referencia al libro:

Harvest of Empire A History of Latinos in America por Juan González (Penguin Books, 2001).

Otros libros que pueden ser de ayuda para entender la historia de los latinos en los Estados Unidos son:

The Columbia History of Latinos in the United States Since 1960 por David Gutiérrez (Columbia University Press, 2006).

Latino USA: A Cartoon History por Ilan Stavans y Lalo Alcaraz (Basic Books, 2000).

Everything You Need to Know About Latino History por Himilce Novas (Plume, 2007)

Teología latina

Existe una bibliografía larga de libros escritos sobre la teología latina en los Estados Unidos. Se incluyen aquí cinco muestras comenzando con una obra introductoria, dos libros de teología latina escritos por autores ampliamente conocidos en la comunidad evangélica latina y dos obras de "teología en conjunto", proyectos escritos en colaboración que demuestran el esfuerzo latino de trabajar "en conjunto".

Introducing Latino/a Theologies por Miguel de la Torre y Edwin Aponte (Orbis Books, 2001).

El Espíritu Libertador por Eldín Villafañe (Nueva Creación, 1996).

Teología liberadora por Justo González (Kairós, 2006). Este libro es más conocido por su título original en inglés: *Mañana: Christian Theology from a Hispanic Perspective* (Abingdon Press, 1990).

Handbook of Latino/a Theologies, editado por Miguel de la Torre y Edwin Aponte (Chalice Press, 2006).

Teología en Conjunto A Collaborative Hispanic Protestant Theology, editado por José David Rodríguez y Loida Martell-Otero (Westminster John Knox Press, 1997).

Ministerio Juvenil
Being Latino in Christ Finding Wholeness in your Ethnic Identity.
Por Orlando Crespo (IVP Press, 2003).
Este libro fue escrito para jóvenes latinos que están luchando con desarrollar su identidad como latinos y como cristianos.

Especialidades juveniles—USA (especialidadesjuveniles.com/especialidades_usa.shtm)
Incluye materiales, actividades y otros recursos para la persona que está trabajando con jóvenes latinos en los Estados Unidos. Este proyecto es parte de Especialidades Juveniles a nivel latinoamericano. Especialidades es un proyecto de *Youth Specialties*.

Instituto Fe y Vida (feyvida.org/esp/index.html)
Organización católica que hace estudios y produce materiales para la pastoral juvenil latina. Incluye muchos recursos para la persona que quiere entender mejor la complejidad de ministrar entre jóvenes latinos en los Estados Unidos.

Iglesias y ministerios multiculturales

Este libro no trató el tema de ministerios multiculturales directamente, aunque reconoció que casi toda iglesia latina en los Estados Unidos tiene que ser multicultural para poder ministrar eficazmente dentro de la comunidad latina y más allá. Algunos de los libros escritos sobre las posibilidades y las complejidades del ministerio multicultural en los Estados Unidos son:

Crossing the Ethnic Divide The Multiethnic Church on a Mission por Kathleen Garces-Foley (Oxford University Press, 2007).

Divided by Faith Evangelical Religion and the Problem of Race in America por Michael Emerson y Christian Smith (Oxford University Press, 2000).

One New People Models for Developing a Multiethnic Church por Manuel Ortiz (InterVarsity Press, 1996).

People of the Dream Multiracial Congregations in the United States por Michael Emerson y Rodney Woo (Princeton University Press, 2006).

The Wolf Shall Dwell with the Lamb A Spirituality for Leadership in a Multicultural Community por Eric Law (Chalice Press, 1993).

United by Faith the Multiracial Congregation as an Answer to the Problem of Race por Curtiss DeYoung, Michael Emerson, George Yancey y Karen Kim (Oxford University Press, 2003).

Citas

(Endnotes)

1. Por razones de tiempo y espacio se decidió sólo incluir líderes del sur de California. La comunidad latina del sur de California es la más grande en los Estados Unidos y tiene ciertas peculiaridades que no existen en otras partes del país. Sin embargo, al limitar las entrevistas a líderes de esta región se reconoce que el libro no puede reflejar todas las variedades ministeriales que son particulares a otras regiones de los Estados Unidos.

2. En muchas partes del mundo de habla hispana, incluyendo España, "evangélico" se ha utilizado prácticamente como sinónimo de protestante. Entre latinos en los Estados Unidos, el uso ha sido más complicado. Algunos utilizan los términos del inglés (*evangelical, mainline* y *pentecostal*), aunque esas divisiones no siempre caben en las iglesias latinas y separan a iglesias y personas que potencialmente caminarían juntos en América Latina. Cuando se formó AMEN (Alianza Ministerial Evangélica Nacional) se quiso utilizar evangélico en el sentido más amplio, aunque causó cierta "confusión" para aquellas personas que querían que evangélico fuera traducción exacta de *evangelical*. Es probable que se seguirá utilizando el vocablo evangélico de las dos maneras dentro de la comunidad de habla hispana.

3. Algunos en el mundo de habla hispana los llaman camisetas o remeras.

4. Vea el libro *Hispanic/Latino Identity A Philosophical Perspective* de Jorge Gracia (Blackwell Publishers, 2000) para una discusión del tema. Hace una buena descripción del uso de cada vocablo.

5. A través del libro estaré utilizando el vocablo latino, reconociendo que existen personas como Jorge Gracia (véase la nota #4) que insisten en que se debe utilizar hispano. La preferencia es una de costumbre del uso que tienen los dos vocablos en el sur de California.

6. Estos números vienen del reporte del censo de los Estados Unidos para el año 2004. "Otros" incluye a los dominicanos y a los latinos que no se identifican con ningún trasfondo nacional. Algunos descendientes de los conquistados también marcan "otro" al no sentirse identificados bajo ninguna otra categoría.

7. Los centroamericanos y sudamericanos no se han concentrado tanto en algún punto de los Estados Unidos como los otros grupos latinos.

8. Véase *Harvest of Empire A History of Latinos in America* (Juan González, Viking, 2000) para un repaso histórico de como los diferentes grupos latinos llegaron a ser parte de los Estados Unidos.

9. Contar las historias de estas comunidades latinas también implica cuestionar la versión popular estadounidense que ve a todos los latinos como inmigrantes o descendientes de inmigrantes.

10. En otras palabras, la mayoría de latinos pasamos nuestro tiempo "negociando" entre varias opciones culturales, tanto latinos, la sociedad mayoritaria y otras culturas minoritarias

Citas

en el país. Ser policéntricos significa que no se asimila a una sola cultura, sino que aprende a vivir entre varias cambiando de enfoque según la necesidad del momento.

11. La inspiración inicial para este dibujo vino del trabajo del sociólogo católico Andrew Greeley, particularmente su artículo "Is Ethnicity Unamerican?" (*New Catholic World*, May/June 1976, pp. 106–112. Se publicó una versión anterior de esta cuadro en el capítulo "Aculturación y la Iglesia Evangélica Latina en los Estados Unidos" que escribí para el libro *Iglesias peregrinas en busca de identidad Cuadros del protestantismo latino en los Estados Unidos* (Juan Francisco Martínez Guerra & Luis Scout, eds., Kairós, 2004).

12. En su libro *Being Latino in Christ Finding Wholeness in Your Ethnic Identity* (InterVarsity Press, 2003) Orlando Crespo propone otra manera de describir la identidad latina entre la cultura mayoritaria y la cultura latina.

13. La letra de "Más allá de México" está basado en el himno antiguo "Más allá del sol" y fue escrito por unos estudiantes del Seminario Bautista en Santa Ana, El Salvador en 1993. El coro dice "///Más allá de México/// yo tengo un hogar, hogar bello hogar, más allá de México". Ellos escribieron tres estrofas que siguen la misma idea basadas en las estrofas originales del himno. "Más allá del sol" fue escrito por Emiliano Ponce, © 1950 Inter-American Division.

14. Véase *Harvest of Empire*.

15. Este ese el argumento de Samuel Huntington en su libro *We Are We? The Challenges to America's National Identity* (Simon & Schuster, 2004).

16. Ilan Stavans, *La condición hispánica Reflexión sobre cultura e identidad en los Estados Unidos* (Fondo de Cultura Económica, 1999). Véase también *Living in Spanglish The Search for Latino Identity in America* por Ed Morales (LA Weekly Books, 2002).

17. Véase el libro *Sea la Luz The Making of Mexican Protestantism in the American Southwest, 1829–1900* (Juan Francisco Martínez, University of North Texas Press, 2006) para una descripción de la evangelización protestante entre los mexicanos que se quedaron en el suroeste después de que los Estados Unidos se lo quitara a México en 1848.

18. Cuando se formó la Alianza de Ministerios Evangélicos Nacionales (AMEN) se tuvo problemas con algunas organizaciones "Evangelical" en los Estados Unidos porque querían que AMEN sólo incluyera a "Evangelicals" y no a todos los latinos que se consideran evangélicos.

19. Segunda estrofa de "Hay una senda" por Tomás Estrada (Copyright 1960 por R.C. Savage, asignado a Singspiration, Inc.).

20. Véanse los documentos de CELAM V y las declaraciones del Papa Benedicto XVI en los cuales se ven varias referencias a "las sectas" al estar hablando de los protestantes o de los movimientos neo-pentecostales que están creciendo en América Latina (http://www.celam.info/content/section/14/332/).

21. Linda Chávez propone esta perspectiva en su libro *Out of the Barrio Toward a New Politics of Hispanic Assimilation* (Basic Books, 1992).

22. El estudio de 2003 lo puede encontrar en http://www.nd.edu/~cslr/. El reporte del segundo estudio (2007) se puede encontrar en http://pewforum.org/surveys/hispanic/. El segundo estudio salió mientras se estaba escribiendo este libro. Todavía no se había podido analizar a fondo los resultados cuando se mandó el texto de este libro a la casa publicadora.

23. Favor de ver la explicación sobre el término "evangélico" en la introducción.

Citas

24. Si desea más información favor de ver la bibliografía al final del libro.

25. Véase *Santa Biblia: The Bible Through Hispanic Eyes* (Abingdon Press, 1996) de Justo González.

26. Roberto Goizueta describe este espacio como el *locus theologicius*, el lugar donde se debe hacer nuestra reflexión teológica. Véase *Caminemos con Jesús Toward a Hispanic/Latino Theology of Accompaniment* (Orbis Books, 1999), particularmente el capítulo siete.

27. Ortiz, Manuel, *Hispanic Challenge Opportunities Confronting the Church* (Intervarsity Press, 1993), pp. 104, 105.

28. En su libro *Santa Biblia* Justo González sugiere que el mestizaje es una de cinco perspectivas particulares que tiene el hispano al acercarse a la interpretación de la Biblia. Las otras son marginalidad, pobreza, exilio y solidaridad.

29. *American Immigration Law Foundation* (www.immigrationpolicy.org) ha hecho varios estudios sobre el impacto de la migración indocumentada a la economía nacional. Han concluido que los indocumentados contribuyen a la economía nacional de varias maneras. Por ejemplo, véase el estudio "IMMIGRANTS, SKILLS, AND WAGES: Measuring the Economic Gains from Immigration" por Giovanni Peri en *Immigration Policy in Focus* (Vol. 5, No. 3, Marzo 2006).

30. Al seguir creciendo las diferencias entre segmentos de la comunidad latina, está por verse si se desarrollarán términos específicos para nombrar esas diferencias. En otras palabras: ¿seguirá siendo el vocablo latino o hispano suficientemente útil para describir esta diversidad?

31. En su libro *One New People Models for Developing a Multiethnic Church* (Intervarsity Press, 1996) Manuel Ortiz describe las diferentes maneras que se puede hacer un ministerio

multiétnico. Él describe varios modelos multi-congregacionales y multiculturales de hacer iglesia.

32. Este modelo se está celebrando en varios círculos, aunque representa un porcentaje muy pequeño de iglesias en la comunidad latina. Véase el apéndice para una lista de libros sobre ministerio intercultural en los Estados Unidos.

33. Jonathan Bonk describe los problemas que suscitan cuando el dinero tiene tanta influencia en el trabajo misionero en *Missions and Money Affluence as a Western Missionary Problem* (Orbis Books, 1991).

34. Es importante tomar en cuenta las diferencias en los términos que se utilizan en el mundo de habla hispana y de habla inglesa para describir el ministerio juvenil. Por lo general en español ministerio juvenil se refiere a lo que en inglés se denomina *young adult ministry* y lo que se llama *youth ministry* en inglés es ministerio entre adolescentes en español. Las divisiones no son nítidas por contar con modelos educativos diferentes en los Estados Unidos y en América Latina, pero es importante reconocer que *youth group* y pastoral juvenil no necesariamente se refiere a ministerio entre personas de la misma edad.

35. Las categorías utilizadas en este dibujo fueron desarrolladas por el Instituto Fe y Vida. Véase *The Status of Hispanic Youth and Young Adult Ministry in the United States: A Preliminary Study* por Ken Johnson-Mondragón (Instituto Fe y Vida, 2002).

36. Es importante notar la observación hecha por muchas personas de que existe una diferencia idiomática fundamental entre la generación inmigrante y toda generación posterior. La lucha del primer grupo es aprender inglés, la lucha de toda generación posterior es no olvidar el español. Muchos padres inmigrantes asumen que sus hijos tendrán el mismo problema que ellos y les hablan inglés, aunque mal hablado, no

Citas

queriendo que sufran como ellos sufrieron, sin darse cuenta de que sus hijos están perdiendo una oportunidad clave para no olvidar el español.

37. Samuel Huntington, profesor de Harvard, planea la perspectiva de que los latinos presentan un peligro a la identidad nacional en su libro *Who Are We? The Challenges to America´s Nacional Identity* (Simon & Schuster, 2004).

38. Orlando Crespo escribió un excelente libro, *Being Latino in Christ Finding Wholeness in Your Ethnic Identity* (InterVarsity Press, 2003), para jóvenes latinos que están tratando de afirmar su identidad cristiana y latina.

39. La Dra. Elizabeth Conde-Frazier hizo un estudio de dos institutos bíblicos latinos, demostrando la importancia de estas instituciones para la formación de pastores en la comunidad latina. Véase *Hispanic Bible Institutes A Community of Theological Construction* (University of Scranton Press, 2004).

40. Existen otros problemas al tratar de reconocer los estudios hechos en América Latina en seminarios o institutos bíblicos. En primer lugar, la mayoría de institutos bíblicos y seminarios en América Latina no son acreditadas formalmente porque la acreditación se hace por ministerios de educación en la mayoría de países y estos no acreditan programas de teología. Pero aun los problemas acreditados presentan dificultades porque en América Latina el primer título teológico es una licenciatura, mientras que en los Estados Unidos es una maestría. Para asuntos de ordenación una licenciatura en América Latina vale igual que una maestría en divinidades, pero no pesan igual a la hora de hacer transferencias de títulos y unidades.

41. Según el reporte de ATS (*Association of Theological Schools*) en el año académico 2006 había 3104 estudiantes latinos en las instituciones miembros de ATS (ats.edu/Resources/FactBook/2007/2006-07%20Annual%20Data%20Tables.pdf). Ellos constituyen el 3.8% del total de 81,063 estudiantes. Este

número incluye a los estudiantes de las instituciones de Puerto Rico y Canadá, así que el porcentaje real para los estudiantes latinos en los Estados Unidos no es exacto.

42. Existen varios seminarios y universidades cristianas que están trabajando en conjunto con institutos bíblicos latinos para abrirles espacio en programas acreditados. Por ejemplo, en el sur de California, Vanguard University de las Asambleas de Dios tiene un acuerdo con *Latin American Bible Institute* (LABI) y con *Latin American Theological Seminary* (LATS) para permitir que sus estudiantes sigan sus estudios en la Universidad. *Haggard School of Theology* de *Azusa Pacific University* tiene un arreglo directo con la Facultad de Teología de la Iglesia Cuadrangular para recibir a sus estudiantes en los programas de maestría. El Seminario Teológico Fuller trabaja con varios institutos bíblicos de la región, incluyendo los ya mencionados y el Centro Hispano de Estudios Teológicos (CHET) para recibir a sus graduados a los programas de maestría.

43. COMINHA (Cooperación Misionera de Hispanos de Norteamérica) la sección estadounidense de COMIBAM (Cooperación Misionera Iberoamericana) es un primer esfuerzo de participar con las iglesias de América Latina y España en la misión mundial.

44. Los datos sobre el uso del español entre latinos produce información contradictoria. Por un lado los resultados del censo de los Estados Unidos demuestran un creciente uso del idioma español. Ligado a esto está el crecimiento de los medios masivos en idioma español. Por otro lado están estudios sobre el uso del español entre latinos que parecen indicar que la gran mayoría de latinos dejan de utilizar el español dentro de dos generaciones en los Estados Unidos. Véase el estudio de Pew "*Bilingualism*" publicado en marzo 2004 (pewhispanic.org/files/factsheets/12.pdf) para un análisis de los cambios que ocurren en el uso del idioma español entre latinos.

www.ingramcontent.com/pod-product-compliance
Lightning Source LLC
Chambersburg PA
CBHW070915160426
43193CB00011B/1470